Sylvain Kahn, Jacques Lévy

Le Pays des Européens

Odile
Jacob

Cet ouvrage a reçu le label Chôros
{ΧΩΡΟΣ{

15, rue Soufflot, 75005 Paris

www.odilejacob.fr

ISBN : 978-2-7381-4328-0

Avant-propos

2019 : voilà exactement quarante ans que le Parlement européen est élu au suffrage universel direct. Mais c'est la première fois de leur histoire que des élections européennes sont aussi clivantes et au moins aussi décisives que des élections nationales. Pourquoi ? L'Europe est une société, la société d'Erasmus et de l'euro, mais plus encore une société qui repose sur des valeurs puissantes, inspiratrices et toujours en débat. Cette société s'invente sous nos yeux et, pour exister, doit aussi installer une vie politique à la hauteur des enjeux qu'elle soulève. Cela s'est fait jusqu'ici par de multiples événements d'apparence parfois désordonnée, souvent par des crises. Avec cette élection, c'est l'idée même d'Europe qui est en jeu, et ce n'est pas seulement à l'échelle de l'Europe, mais à tous les niveaux, du local au mondial, que l'événement fera sentir ses effets.

Ce livre aborde ces questions cruciales sous un angle singulier, celui de l'espace. Il n'est ni un ouvrage de philosophie, ni un texte juridique, ni une chronique politique, ni un livre d'opinion. Il entre dans les problématiques européennes par la dimension géographique du monde social : par la dynamique territoire/réseau, par les spatialités des Européens et par les temps longs de la géohistoire. Ce choix permet à la fois de prendre du recul par rapport au fil de l'actualité et d'ancrer le raisonnement dans des travaux de recherche à plusieurs échelles, historiques et géographiques.

Ce livre se réclame aussi d'une démarche de « science citoyenne », afin notamment d'éclairer les citoyens européens dans un débat, souvent piégé par les approximations et les contre-vérités, sur la vie politique de l'Union européenne et les enjeux de l'Europe.

Ce n'est ni un manifeste ni un catalogue de propositions. Les démarches présentées découlent d'informations et de raisonnements que nous mettons à disposition des lecteurs. Si ce livre peut leur être utile, c'est en rendant davantage visibles les architectures argumentatives des discours européens. Il pourra ainsi, espérons-nous, constituer une ressource au moment de faire des choix.

L'ouvrage est divisé en quatre parties qui correspondent à quatre mouvements de la pensée : « Changer de lunettes » pour se donner les moyens de regarder l'Europe en se débarrassant des clichés qui souvent l'accompagnent ; « L'Union taille sa route » pour comprendre l'histoire déjà pleine de rebondissements et totalement inédite de la construction européenne ; « Ce qui se joue avec l'Europe » pour prendre la mesure des enjeux contemporains, souvent immédiats et parfois brûlants, qui marquent la dynamique du continent ; enfin « Aux Européens d'en décider », pour montrer en quoi les citoyens européens ont leur rôle à jouer et auront, au bout du compte, le dernier mot. Ce livre est aussi une sorte de dictionnaire comprenant seize courts chapitres qui peuvent se lire séparément. Seize idées qui concourent à brosser une image de l'Europe d'aujourd'hui. Seize propositions pour une Europe qui assume son histoire et sa géographie, son identité et ses horizons.

PREMIÈRE PARTIE

Changer de lunettes

CHAPITRE 1

L'Europe est une société

Dans *L'Auberge espagnole* (Cédric Klapisch, 2002), des étudiants venus de plusieurs pays européens découvrent en même temps Barcelone, la fête, l'université et… l'Europe. Ils parlent différentes langues et ont des références nationales diverses mais ils s'aperçoivent que leurs différences personnelles se combinent avec une identité commune. Face aux logiques locales (leur famille) et nationales (les filières de formation et d'emploi), l'Europe, incarnée par leur bourse Erasmus, est synonyme d'une liberté inédite.

Charles de Montesquieu mais aussi Voltaire et Edmund Burke voyaient déjà l'Europe comme un « État » avec des « provinces[1] ». Aujourd'hui, c'est plus clair encore : l'Europe n'est pas seulement un ensemble d'États, c'est une société.

Qu'est-ce qu'une société ? C'est un ensemble multidimensionnel de réalités sociales mettant en cohérence des composantes fortement interreliées : l'économique, le sociologique, le spatial, le temporel. En outre, sans le politique qui a justement pour mission de traiter le monde social comme un tout, une société reste un potentiel non actualisé et demeure un horizon virtuel.

Pour justifier l'idée que l'Europe est une société, il faut être capable de répondre à cette question : à quoi voit-on qu'on a affaire à une société et non pas à une somme de sociétés distinctes ?

En Europe, tout le monde ne mange pas en même temps : lorsque les Suédois finissent de dîner, les Espagnols n'ont pas même commencé à grignoter leurs tapas. Cela pose parfois quelques problèmes pour les conversations à distance. À cela près, cependant, la vie sociale de l'ensemble des Européens forme un tout. Une société développée singulière, où les inégalités sont atténuées par de puissantes politiques publiques et où les droits de l'homme finissent par l'emporter sur les allégeances communautaires et les violences d'État. Cela n'a pas toujours été, et ce passé douloureux – son empreinte lourde comme les leçons à en tirer – définit aussi l'Europe. Les systèmes productifs sont à la fois similaires et profondément imbriqués, les mêmes règles d'organisation économique s'y appliquent, y compris en dehors de l'Union européenne, en Suisse ou en Norvège par exemple. Les modes de vie, les rapports sociaux sont également très convergents et liés les uns aux autres par toutes sortes de mobilités. Les Européens partagent une histoire commune et un espace commun. Sans prétendre donner de leçon à quiconque, eux qui se sont lancés, sans toujours en mesurer les conséquences, dans l'aventure de la révolution industrielle sont particulièrement incités à conjuguer développement et durabilité. Enfin, l'existence d'un projet politique pour l'Europe et sa mise en œuvre déjà bien avancée complètent ce tableau. Le politique en Europe, c'est l'Union européenne.

La ressemblance entre deux sociétés ne suffit pas à former une société : l'Australie et la Nouvelle-Zélande ont beaucoup de points communs mais il serait discutable de dire qu'elles forment ensemble une société. On peut parler de société lorsque les caractéristiques propres sont suffisamment fortes pour qu'il y ait plus de différences avec l'extérieur qu'à l'intérieur. Ainsi, l'Allemagne n'est pas l'Italie, mais Allemagne et Italie sont davantage liées par des interactions de toutes sortes qu'elles ne le sont avec d'autres régions du Monde. L'Allemagne vend aux Italiens des machines et des voitures, parfois dessinées par des Italiens, mais elle est aussi le premier client pour les exportations de l'Italie qui excelle dans les meubles, la mode et l'alimentation. Chacune des deux traditions culturelles exerce sur l'autre une profonde fascination, qui se vit dans la proximité, et même un peu plus, puisque parmi les habitants de l'Allemagne d'aujourd'hui, 600 000 sont des descendants d'immigrants italiens et que l'Italie possède une région, le Trentin-Haut-Adige, qui comprend 300 000 germanophones. Autrement dit, ces deux pays sont parties prenantes d'ensembles – un système productif, un système monétaire, un système de pouvoir ou un système de valeurs – qui sont clairement d'échelle européenne. Il ne s'agit donc pas seulement de ressemblances. Ces deux pays font aussi partie d'un tout qui leur insuffle des éléments communs.

L'Europe comme société

En tout cas, le fait que les nations européennes soient aussi des sociétés n'est nullement contradictoire avec l'existence d'une société européenne. En effet, une société peut en contenir d'autres : les États-Unis sont une société, mais la Californie et San Francisco aussi. Autrement dit, on ne peut déduire du constat que la France est une société que l'Europe n'en est pas une. Dans un contexte de paix, l'appartenance simultanée et non hiérarchisée d'un individu à plusieurs sociétés n'est pas une trahison, c'est une banalité.

Aussi est-il possible de comparer l'Europe dans son ensemble à d'autres sociétés en posant des questions classiques : comment s'est-elle formée, quelle est sa raison d'être, quels sont ses principes de vie en commun, ses modes de fonctionnement et d'organisation, comment s'oriente-t-elle vers le futur, quelle est sa diversité interne ?

Or cette comparaison est possible. Chaque habitant de l'Europe s'en rend compte lorsqu'il voyage à l'intérieur du continent, quand il est surpris de constater des familiarités inattendues avec des régions dont il ignore pourtant tout ou, en sens inverse, lorsqu'il quitte l'Europe et qu'il note des différences significatives en parcourant des pays qui lui sont à la fois sympathiques et connus. Le fait de ressentir cela parfois hors d'Europe invite même à poser la question des limites de l'Europe, c'est-à-dire de la construction européenne, comme un processus ouvert et découplé du découpage conventionnel qu'on nomme aussi Europe.

L'Europe comme enjeu

Dans ce livre, nous montrons la force des liens puissants et multiples qui unissent les Européens, les distinguent des habitants d'autres régions du Monde et font de l'Europe une société. Nous verrons que, au-delà du parcours historique singulier de l'Europe, avec ses beautés et ses horreurs, ce n'est pas d'abord comme musée que l'Europe fait sens, mais comme configuration présente, comme orientation vers le futur, comme *situation*. Plus que d'une liste de points communs, c'est plutôt l'identification des enjeux qui se posent aujourd'hui aux citoyens européens dont il est question ici.

L'un de ces enjeux est justement l'affirmation ou, au contraire, la dénégation de l'existence d'une société européenne et de sa composante politique. Le fait d'incriminer « Bruxelles » et non des décisions prises en commun, le plus souvent par consensus de tous les États membres, est typique d'une attitude consistant à mettre en cause l'existence de l'Union à chaque controverse sur une décision du Parlement, du Conseil ou de la Commission. La synecdoque (signifier le tout par l'une de ses parties) qui désigne le gouvernement de l'Europe par le nom de sa capitale, Bruxelles, rejoue la confusion très française entre « Paris » et l'État français, manière de prétendre que d'innombrables bureaucrates hors sol géreraient l'Europe dans leur petit coin.

Ce n'est justement pas du tout le cas en Europe : l'Union européenne (Commission, Parlement et Conseil réunis) dispose de 38 000 agents, dont un cinquième d'interprètes, pour gérer un budget de 160 milliards d'euros et 500 millions d'habitants tandis que la ville de Paris en a 55 000, soit un quart en plus, pour un budget de 8 milliards d'euros (20 fois moins) et 2 millions d'habitants (250 fois moins). Les bureaucraties pléthoriques existent dans les États nationaux et locaux européens, mais pas dans l'Union européenne. Par ailleurs, il existe dans l'UE un système de pouvoirs et de contre-pouvoirs très établi qui ne laisse certainement pas le personnel administratif décider à la place des députés, des commissaires ou, encore moins, des États. En somme, le reproche fait à l'Union européenne d'être dominée par une administration protéiforme et dépolitisée tombe à plat.

Pourtant, quand on utilise des expressions comme « L'Europe, oui, mais plus *ceci* ou *cela* » ou « Une autre Europe », on laisse à penser que l'Europe ne peut pas changer de politique sans disparaître comme entité politique et territoriale stable, comme État. Bien sûr, les citoyens européens ont le droit de vouloir réformer ou transformer leur société. Cependant, lorsque des citoyens français, par exemple, veulent augmenter la production de richesses, lutter contre le chômage, diminuer les inégalités, promouvoir un meilleur système éducatif ou protéger la nature, ils ne disent pas « La France, mais... », ou « Une autre France ». Ils disent : nous voulons un autre gouvernement, une autre politique, éventuellement une autre Constitution.

La dénégation de l'Europe

Pourquoi cette différence ? Parce qu'en Europe, il existe un courant politique dont le discours principal consiste à contester l'existence même de l'Europe. De manière plus ou moins explicite, ses partisans prétendent que les sociétés ne peuvent exister qu'à une seule échelle, que c'est déjà le cas avec les États-nations et que donc la place est déjà prise : l'Europe ne pourrait exister qu'à la marge comme lieu de « coopération » entre États.

Ceux qui argumentent ainsi affectent de croire que l'Europe n'est qu'une pellicule fine qu'on pourrait facilement jeter et remplacer par une autre, tout aussi fine. Comme si l'Europe n'était qu'une fonctionnalité complémentaire, une option pour les nations localisées sur le continent européen. Ces partisans de l'échelle unique, qui pensent que seul le niveau national peut être légitime, sont par définition des nationalistes. Ils ne contestent pas seulement l'Europe, mais aussi la possibilité pour les villes, les régions (qui ne sont pour eux que des « corps intermédiaires », la vraie politique appartenant au seul État-nation), et bien sûr le Monde de se gouverner à leurs échelles respectives.

On retrouve ce tropisme national dans le projet de Manifeste pour la démocratisation de l'Europe proposé par un collectif d'universitaires regroupés autour de Thomas Piketty (tdem.eu), qui propose, pour voter un budget ambitieux, de remplacer le Parlement européen, élu au suffrage universel, par une nouvelle assemblée composée à 80 % de délégués des parlements nationaux. En outre, les 20 % restants ne seraient que des représentants désignés par le Parlement actuel : autrement dit, cette assemblée serait composée uniquement de personnes non élues ! Ce changement est présenté comme plus « démocratique » et plus « légitime ». Substituer au suffrage direct le suffrage indirect au nom de la démocratie : il faut oser ! C'est un peu comme si on remplaçait, en France, l'Assemblée nationale par un agrégat comprenant 80 % de sénateurs élus par des « grands électeurs » dont beaucoup ne représentent qu'une très faible population. Quel paradoxe, alors que le Parlement européen constitue le pôle démocratique le plus clair et le plus sûr au sein de l'UE. Ceux qui proposent ce manifeste utilisent le mot « citoyen » ou « démocratie » comme antiphrase et comme paravent. Ils détestent l'idée que les Européens se gouvernent eux-mêmes et ils ne s'en cachent pas.

Cette vision exclusive peut sembler étrange : les citoyens d'aujourd'hui revendiquent une appartenance à de nombreux espaces et cet attachement n'est pas vécu comme un jeu à somme nulle : aimer Brest ne signifie pas moins aimer la France, aimer la Bretagne n'implique pas de moins aimer l'Europe, aimer tous ces lieux ne veut pas dire qu'on se tient à l'écart du Monde.

Inversement, la tendance à la polarisation sur un seul niveau territorial a ses raisons, qui méritent attention. Elles ont à voir avec l'histoire longue de la géopolitique européenne et de son poids sur la construction des sociétés en Europe. Il ne fait guère de doute que cette idéologie nationale existe et s'est même renforcée ces dernières années en Europe. Elle parvient à se surimposer aux pratiques, aux modes de vie et aux attentes de la plupart des Européens, faits d'échanges, de mobilités et d'interactions multiples à toutes les échelles, car elle rencontre une crainte puissante : celle que les acquis obtenus dans le cadre national soient menacés par un nouveau contrat social, moins avantageux. Tout ce qui relance le débat, par l'ouverture de nouveaux échelons pertinents, est alors rejeté par principe. Certains Européens se méfient de l'Europe parce qu'ils craignent de perdre ce que, pensent-ils, la nation leur a donné.

Au-delà de l'appartenance à l'Union

Même si on la nie, l'Europe existe, et pas seulement comme idée ou comme projet. On mesure bien, avec le Brexit, que la sortie de l'Union européenne est tout sauf une formalité. Et, même si elle se produit, la sortie de l'Union européenne ne fera pas pour autant des Britanniques des Non-Européens. Ils n'auront pas soudain changé de mode de vie et ne seront pas devenus américains ou, comme le souhaitent certains *brexiters*, singapouriens. Ils seront, à l'instar des Suisses ou des

Norvégiens, des Européens sans État, ou même plus précisément des Européens sans prise sur leur État, car de l'extérieur, ce dernier continuera d'influencer grandement leur vie sans que, désormais, ils aient voix au chapitre.

En 2014, par un référendum d'initiative populaire, les Suisses avaient décidé, de justesse, de refuser la liberté de circulation des Européens sur leur territoire. Ils ont bien vite découvert qu'une telle décision entraînait mécaniquement l'annulation des cent vingt traités que leur pays avait signés avec l'UE. Si cela s'était effectivement produit, cela aurait eu de graves conséquences sur l'économie suisse et plus généralement sur toute la relation, vitale pour elle, que la Suisse, petit pays de 8 millions d'habitants, entretient avec le monde extérieur. Le gouvernement fédéral a dû, discrètement, faire machine arrière et accepter le droit des Européens à vivre et travailler en Suisse. Et ce n'est pas fini : dans les négociations sur l'accès de la place financière de Zurich au marché financier européen, l'Union européenne exige que cette autorisation (l'« équivalence boursière ») s'accompagne de la conclusion d'un accord-cadre avec l'UE qui prévoit notamment que la Suisse reprenne automatiquement les changements de la législation européenne.

L'Europe, ce n'est donc pas une option politique parmi d'autres, c'est la société européenne.

CHAPITRE 2

L'Europe n'est pas un miracle, c'est une histoire et une géographie

Dans la mythologie, Europe est une jeune Phénicienne enlevée par un taureau, avatar de Zeus. Puisque Zeus, selon des sources sûres, a bien vécu en Grèce pendant l'Antiquité, on pourrait en conclure qu'il s'agit là du lieu et du moment fondateurs de l'européanité. De fait, au plus fort de la crise financière grecque, on a entendu des voix nombreuses énoncer que les plans d'aide de l'Union européenne à la Grèce (2010-2018) avaient commis l'irréparable au motif qu'ils s'attaquaient au berceau de l'Europe et aux inventeurs de la démocratie.

L'Europe ne serait-elle qu'une légende, validée par des générations de philosophes et projetée sur l'actualité ? Pourtant, les problèmes de la Grèce actuelle résultent d'abord de l'enracinement du clientélisme dans une société par ailleurs rétive au cadastre et à l'impôt, d'inégalités sociales très marquées, d'un nationalisme ethno-religieux, d'un État bureaucratique et, plus loin de nous, d'une difficile conquête de l'indépendance, des blessures d'une guerre civile meurtrière, du poids d'une Église toute-puissante, de la saignée d'émigrations massives. On est loin d'Hésiode, d'Homère, de Platon ou de Périclès…

Cependant, cette représentation de la Grèce comme berceau de l'Europe est tellement évidente qu'elle n'a même pas besoin d'être explicitée. L'Europe serait un sous-produit du « miracle » grec et il faudrait la traiter comme une relique, la Sainte-Ampoule ou le Saint-Suaire, avec révérence et sens du mystère. Cela désarmerait la recherche et laisserait de vastes angles morts, où s'engouffreraient les stéréotypes. C'est le cas de la convention sur les limites du continent au Bosphore et à l'Oural, qui est reprise sans discussion. Peu importe l'incongruité qu'Istanbul, une ville, un espace local, soit présentée comme étant « à cheval » sur l'« Europe » et l'« Asie ». Peu importe que l'Oural n'ait jamais représenté la moindre barrière entre deux parties de la Russie. Les potions miracles, comme celles qui font de l'Europe un mythe vivant, provoquent un assoupissement de la raison qui, on le sait depuis Goya, « engendre des monstres[1] ».

Si de telles idées reçues sur l'Europe ont résisté jusqu'à aujourd'hui, c'est peut-être parce que les sciences sociales n'ont pas bien fait leur travail. Pourtant, d'ores et déjà, la géographie qui parle d'histoire, l'histoire qui parle de géographie ont beaucoup à nous dire sur l'Europe contemporaine, même si elles se situent sur un temps très long.

Protégée des invasions, l'Europe s'invente

D'abord, l'Europe n'a pas toujours existé : elle a un commencement. L'Europe n'a pas de sens dans l'Antiquité, sinon comme une marge forestière et farouche du monde civilisé[2].

C'est autour de l'an 1000 que les dernières grandes invasions massives (Vikings et Hongrois) touchent l'ouest du continent. Tandis que la Russie et la Chine sont aux prises, durant des siècles, avec les Tatars et les Mongols, les Européens, n'étant plus en butte à ces invasions très préoccupantes, commencent à se distinguer d'autres parties du Monde. C'est alors, parce qu'elle se trouve en position d'abri géopolitique, qu'on peut commencer à parler d'Europe comme d'un véritable espace et non comme d'une simple localisation sur le globe.

Les Européens peuvent désormais se battre entre eux plus tranquillement, s'implanter par la force sur d'autres continents mais aussi inventer dans leurs sociétés quelque chose de nouveau, qu'on peut nommer *multiversité* : un ensemble de pluralités en matière de religion, d'idées et de systèmes politiques, de courants culturels ou de modes de vie. Cette diversité multidimensionnelle est faite d'écarts, de jeu entre les pièces, de marges de manœuvre. C'est le cas entre le pouvoir central et les plus petites entités qui leur sont soumises tout en gardant une marge d'autonomie : pragmatiquement, sans théorie construite, le féodalisme est déjà, en un sens, une esquisse du fédéralisme. Cette pluralité porte aussi sur la diversité des conceptions du monde. Elle a d'abord prospéré au sein du monde chrétien en tirant parti de la variété des territoires séculiers (paroisses, évêchés) et des réseaux réguliers (monastères) de l'Église, mais aussi des apports culturels juifs et musulmans, puis de la bouffée d'air frais apportée par la Réforme, et enfin, en sortant progressivement du cadre religieux, de la Renaissance et des Lumières.

À l'écart de la sphère politique instituée (États et Églises) émerge ainsi une composante autonome de la vie sociale, capable de proposer des alternatives dans tous les domaines

– ce qu'on appellera plus tard la « société civile » dans le sens que lui donne Alexis de Tocqueville : un univers aussi autonome que possible de la sphère politique. Grâce à cette pluralité, c'est en Europe que les allégeances communautaires et la dépendance vis-à-vis d'un groupe non choisi ne sont ni irréversibles ni essentielles, que la communauté concernée soit ethnique, territoriale, religieuse ou nationale. C'est donc en Europe que l'idée d'une société d'individus émancipés a émergé, d'abord dans les milieux cultivés à partir du XVIe siècle, puis progressivement dans toute la société. Ce mouvement est encore en cours. De même, la sécularisation (ou laïcisation) s'est graduellement imposée, interdisant aux Églises, au terme de cette évolution, d'imposer leur pouvoir direct sur la société.

C'est encore pendant cette période que les Européens inventent l'urbanité fondée sur l'espace public et sur l'autonomie des villes, leur capacité à se constituer en réseaux en contournant les pouvoirs territoriaux des princes (comme avec la Hanse). C'est en Europe que, en protégeant les serfs en fuite de leurs seigneurs, « l'air de la ville rend libre » (« *Stadtluft macht frei* »), comme le dit le dicton médiéval allemand. Enfin, à partir de la fin du Moyen Âge le développement de l'artisanat, du commerce et l'invention du système bancaire permettent l'apparition du capitalisme comme dimension autonome et par ses logiques proprement monétaires, et par les nouveaux acteurs qui les portent.

Territoires contre réseaux

Le genre d'espaces qui caractérise d'abord l'Europe, ce sont les réseaux : réseau de voies de circulation, de monastères, d'universités, de création scientifique et esthétique, d'entreprises et bien sûr de villes. Les villes sont la signature de l'Europe car c'est leur capacité à desserrer l'étau des institutions territoriales (États et Églises) qui a permis de faire émerger des espaces de liberté. Comme on le voit dans *Le Nom de la rose* d'Umberto Eco, dans les monastères de la fin du Moyen Âge, il est possible de prendre du champ vis-à-vis de Rome, siège d'un pouvoir qui contrôle mieux les territoires bornés que les réseaux ouverts construits par les ordres religieux. C'est dans les villes que naît l'idée d'un projet politique commun entre groupes sociaux inégaux mais unis dans la défense des libertés urbaines conquises contre les princes, qui contrôlent la terre. C'est dans les villes que se manifestent les premiers éléments de solidarité – par exemple la prise en charge des enfants abandonnés à Florence en 1445 au Spedale degli Innocenti, conçu par Filippo Brunelleschi, qui y applique pour la première fois à l'architecture les principes de la perspective.

Ces réseaux se heurtent à la logique territoriale des États. Fernand Braudel a identifié cette opposition en parlant de deux « coureurs », les « économies-mondes » et les « empires-mondes ». Car, en même temps que les réseaux manifestent l'invention d'un nouveau type d'espace, les États quadrillent l'espace européen de frontières toujours remises en cause par les conflits. On peut lire l'histoire de l'Europe comme un combat des sociétés urbaines pour se déployer et se connecter entre elles, tandis que les États, dont la richesse se fonde surtout sur la captation d'une partie de la production agricole, cherchent à obtenir un contrôle absolu sur les territoires qu'ils ont conquis par la guerre. L'Europe raconte ce conflit permanent qui, à partir du XVIIe siècle, donne l'avantage aux États, jusqu'à ce que ceux-ci, au faîte de leur puissance, créent des monstres totalitaires, s'acharnent sur leurs propres habitants, s'autodétruisent et livrent le continent à des armées étrangères. Après ce paroxysme, la construction européenne marque le retour à l'équilibre entre territoires et réseaux.

Les guerres entre États brutalisent les Européens

De ces origines et de leurs conséquences ont découlé des processus de différenciation interne. D'abord ce qu'on peut nommer des « gradients d'européanité ». Tous les lieux de ce « petit cap » occidental de l'Eurasie (selon l'expression de Paul Valéry) n'ont pas été touchés de la même manière par la bifurcation historique que constitue l'émergence de l'Europe. La Russie et la Turquie, sociétés les plus durablement exposées aux invasions, se sont trouvées exclues de ce processus d'européanisation.

Pour le monde russe, c'est la prise de Kiev par les Mongols en 1240 qui crée cette déchirure et qui va pousser la Russie dans un sens inverse de l'Europe sur des points essentiels, comme le rôle de la guerre dans la vie sociale, la relation entre l'État et l'Église, le statut des individus, l'autonomie de la société civile. Voisine des Européens, la Russie se trouve toujours fondamentalement hors de l'Europe. Le monde turc occupe une position au départ comparable, comme tampon entre l'Europe et les « empires des steppes ». Toutefois, la réussite de l'Empire ottoman, qui conquiert tout le sud-est de l'Europe dès le XVIe siècle et s'y installe jusqu'au début du XXe, contraint le monde turc à se frotter à une Europe de plus en plus conquérante. Ce frottement engendre dans la société turque un désir d'Europe en conflit avec la logique de l'empire. Cette hésitation n'a toujours pas été tranchée aujourd'hui.

En Europe non plus, la dynamique de ce qu'on peut appeler *européanisation* n'est pas sans tension. La puissance croissante des États qui sont autant de petites entités impérialistes a largement modelé l'histoire des sociétés qu'ils contrôlaient et qui leur permettaient d'exister. En témoigne l'opposition entre droit du sol et droit du sang en matière d'acquisition de la nationalité. Cette opposition a été souvent présentée à tort comme un conflit idéologique alors qu'il s'agit plutôt de deux stratégies adaptées à deux types de situations, pour enrôler le maximum d'hommes dans les armées. Qu'on contraigne les immigrés à devenir des nationaux (*jus soli* à la française) ou qu'on accueille des populations de pays voisins au nom de leur communauté linguistique (*jus sanguinis* à l'allemande), le résultat est le même : l'armée s'étoffe malgré la faible natalité des régions rurales (France) ou l'émigration de masse vers l'Amérique (Allemagne).

Plus généralement, les États providences qui se développent à partir de la fin du XIXe siècle sont pour une bonne part la conséquence de la guerre de masse lancée par les révolutionnaires français en 1793 et poursuivie dans les conflits des XIXe et XXe siècles. La sécurité sociale et même la démocratie apparaissent comme une contrepartie donnée par les États en échange de l'engagement des habitants-citoyens dans leurs sanglantes aventures géopolitiques. Otto von Bismarck reste dans l'histoire tout à la fois pour avoir créé par les armes l'État national allemand et pour avoir posé les bases du *Sozialstaat*, la sécurité sociale. Ce verrouillage guerre-solidarité-démocratie advient à l'issue d'une histoire millénaire durant laquelle, à l'abri des grands empires et des invasions, une pluralité d'États se forgent en Europe par la levée de l'impôt et des hommes, États à la fois petits et puissants, administrés et conquérants[3]. Cette sophistication permet, dans l'entre-deux-guerres, de fabriquer des États capables de concentrer toutes les ressources du pays, rendant techniquement aisées les dérives totalitaires dont sont porteuses les idéologies communistes et fascistes.

Attention, découpages multiples !

À l'intérieur du système européen de relations interétatiques[4], une mécanique s'installe, qui régule par la guerre l'existence ou la disparition des États, et, s'ils sont résilients, défie leur capacité à construire des entités territoriales plus ou moins stables. Il y a une part de hasard dans ces destinées. Ainsi la « République des deux nations », Pologne et Lituanie (1567-1795), a prospéré jusqu'à ce que ses voisins (Russie, Prusse, Autriche), d'abord plus faibles qu'elle, ne deviennent des empires redoutables et la prennent en étau. Autre événement aléatoire, le tracé du Rideau de fer, après 1945, a dépendu de la ligne de rencontre entre armées américano-britannique et soviétique. Cette circonstance a affecté la vie de centaines de millions de personnes, de part et d'autre de la ligne.

Au-delà de ces contingences, se dégagent trois types de situations réparties de l'ouest à l'est : les puissances atlantiques (Portugal, Espagne, Angleterre, France, Pays-Bas) ont bénéficié le plus précocement de la possibilité d'échapper aux invasions venues d'Asie. De petits empires s'étendant autour de leur pré carré initial, elles sont devenues des États territoriaux puissants, avant de se projeter de manière impressionnante vers le reste du monde et de constituer des empires coloniaux gigantesques tout en se consolidant encore sous la forme d'États-nations.

À l'est, au contact notamment de l'État russe, on trouve les États européens les plus mouvants, pris en tenaille dans des zones de broyage entre celui-ci, l'Empire ottoman au temps de son expansion et les puissances du centre de l'Europe ayant émergé après la guerre de Trente Ans, comme les royaumes de Suède et de Prusse, qui étaient devenus progressivement, comme les États les plus à l'ouest avant eux, de petits empires conquérants puis des États-nations.

Sur cet axe allant de la Suède à l'Italie, la situation et la forme des États sont toutefois plus fluctuantes : on y trouve plutôt des empires fédéraux (comme le Saint-Empire romain germanique puis l'Empire austro-hongrois), des monarchies aux pouvoirs limités, des républiques aristocratiques (comme le duché de Milan ou la Bohême) ou des cités-États (comme Florence, Venise ou Dubrovnik). Cet ensemble au milieu de l'Europe constitua, avant l'hégémonie du modèle de l'État-nation à la fin du XIXe siècle, une constellation plurielle d'entités pouvant accepter en leur sein des contre-pouvoirs, qui leur ont conféré une précarité apparente mais aussi, on s'en rend compte aujourd'hui, davantage de flexibilité et finalement de robustesse.

Ce découpage méridien entre un Ouest et un Est reliés par la Mitteleuropa est essentiel, car certains de ses éléments, comme la diversité du rapport à l'État, sont vivaces encore aujourd'hui. Il coexiste avec une autre organisation, en centres et en périphéries. Depuis la révolution industrielle, un centre européen constitué de l'Europe du Nord-Ouest a acquis une position dominante dont a encore témoigné la résistance différenciée des pays européens à la crise des années 2008-2014[5]. Mais des processus de rattrapage successifs et d'interdépendance l'ont étoffé : Italie, puis Espagne, Portugal et Irlande, suivis de l'Europe de l'Est (des pays Baltes à la Slovénie) et maintenant les Balkans. Ces périphéries tendent à être intégrées au centre et les écarts diminuent, d'autant que les politiques de « cohésion » de l'Union européenne se sont révélées très efficaces. L'Espagne, l'Irlande, l'Estonie ou la République tchèque marquent de moins en moins d'écart de développement avec un cœur européen que caractérise toujours une très grande densité de lieux productifs et d'innovation. En revanche, ce sont les périphéries internes aux États centraux (Mezzogiorno italien, ancienne Allemagne de l'Est, France hors métropoles, régions nordiques) qui peinent à trouver le chemin d'un développement endogène et demeurent sous perfusion des grandes villes dynamiques.

Un espace de liberté fabriqué par les Européens

Avec les guerres, les violences religieuses, les dominations, les exploitations, les totalitarismes, les Européens ont eu à souffrir de l'action de forces tellement écrasantes qu'ils devaient parfois simplement subir. Cependant, la construction d'un espace ouvert aux pratiques et aux idées ne s'est pas faite par magie. Elle a été le résultat de luttes contre des acteurs – les États monarchiques et impériaux, les membres des castes dominantes (clergé et noblesse) – qui pensaient avoir beaucoup à perdre et qui s'y opposaient farouchement.

À cet égard, il est utile d'établir un bilan lucide sur le rôle du christianisme dans la construction de la singularité européenne. Disons-le d'emblée, il est tout à fait discutable de prétendre que le christianisme a été en lui-même un facteur de construction des valeurs européennes. Pour l'essentiel, cette émergence s'est faite contre les institutions religieuses et en particulier la plus puissante d'entre elles, l'Église catholique qui, même affaiblie, a continué de s'opposer à l'avènement d'une société ouverte d'individus libres et égaux. En 1745, Voltaire s'est engagé en faveur du chevalier de La Barre, torturé et finalement décapité pour soupçons de blasphème et de sacrilège : en plein « siècle des Lumières », Voltaire, qui le défendait au nom de ce qui allait devenir les droits de l'homme, avait face à lui l'Église catholique en collusion avec la justice royale. Aujourd'hui encore, l'Église conteste le droit de vivre librement sa sexualité et ses choix de procréation. Elle a couvert des milliers de crimes pédophiles dans le monde entier. Les institutions religieuses suivent avec retard et réticence les évolutions de la société qui leur échappent, notamment chaque fois qu'elles perdent le contrôle sur le corps des individus.

Ce qui a fait du christianisme, comme l'a écrit Marcel Gauchet, « une religion de sortie de la religion[6] », ce n'est donc pas une bonne volonté intrinsèque à ses institutions ou des valeurs qui lui seraient spécifiques mais le fait que, jusqu'au XXe siècle, son cœur s'est trouvé en Europe, là où d'autres pouvoirs pouvaient contester le sien.

Il faut garder à l'esprit, cependant, le fait que pendant plus de mille ans, l'Église puis les Églises chrétiennes ont joué un rôle majeur dans la construction de la légitimité politique des gouvernements et, plus généralement, ont constitué un des environnements les plus enveloppants de la vie sociale des Européens. Si l'Église a eu dans l'ensemble un rôle conservateur ou réactionnaire, de nombreux progressistes européens se sont réclamés de près ou de loin de sources ou d'inspirations chrétiennes, qu'ils ont souvent retravaillées, parfois même réinventées (c'est tout le sens de la lecture des textes sacrés par les penseurs de la Réforme). Le fait que le christianisme constituait, jusqu'à il y a peu, une ressource légitime dans le débat politique a incité les innovateurs, révolutionnaires compris, à s'appuyer autant que possible sur les textes chrétiens de référence et à contribuer ainsi à leur donner des significations compatibles avec leurs combats. C'est cela, plus qu'une supposée divergence théologique initiale, qui explique la différence avec l'histoire de l'islam, dont les lecteurs progressistes existent mais qui, faute de sociétés prêtes à les écouter, n'ont pas réussi à incorporer leur apport dans le socle culturel musulman.

Enfin, il existe une relation puissante entre le projet de construction européenne et le courant politique de la démocratie chrétienne, dont les membres ont trouvé une part substantielle de leurs principes d'action dans l'idée qu'ils se faisaient du christianisme et plus précisément du catholicisme. Les principaux artisans des actes fondateurs de ce qu'est aujourd'hui l'Union européenne ont eu parmi leurs promoteurs principaux Robert Schuman, Alcide de Gasperi, Konrad Adenauer, tous de culture catholique. Cette orientation a un lien indirect avec la rivalité entre les Églises catholiques et les monarchies absolues d'Europe de l'Ouest. Aux XIXe et XXe siècles, les catholiques ont soutenu le régionalisme breton ou alsacien face au centralisme français, ont plaidé pour le maintien de l'autonomie des anciennes cités italiennes quand se construisait, en partie par la force, un nouvel État-nation, et ont combattu le *Kulturkampf* qui prétendait lier nationalisme allemand et protestantisme. Le fédéralisme européen de la démocratie chrétienne se situe donc en droite ligne des prises de position consistant à désacraliser l'État national. Celles-ci ont moins à voir avec des valeurs spécifiques du christianisme qu'avec les configurations de longue durée des combats politiques en Europe.

Dans l'ensemble, la précocité et l'efficacité de la situation d'abri géopolitique ont joué un rôle en activant plus tôt et plus fort les logiques du pluralisme. C'est donc en fonction d'un rapport de force changeant que le processus d'européanisation s'est développé. Autrement dit, l'européanité – ce qui a progressivement fait la spécificité de l'Europe à partir de l'an 1000 – n'est pas arrivée toute cuite dans le bec des Européens : ce sont eux qui l'ont fabriquée. Ce sont eux qui sont allés chercher des inspirations dans des textes anciens, y compris l'Ancien Testament et les Évangiles, que les puissants n'avaient pas envie de leur laisser lire. Ce sont eux qui ont conquis, au prix de la répression étatique ou religieuse, le droit d'exprimer des idées dissidentes et de montrer qu'on pouvait vivre autrement. Ce sont eux qui ont pris le risque de valoriser des modes de vie, des projets, des discours qui s'écartaient de la norme dominante. L'Europe n'est pas un miracle mais un devenir forgé jour après jour par les Européens.

L'Europe d'aujourd'hui n'est pas une lubie abstraite, elle est la condensation de processus qui ont forgé son espace et abouti à une demande d'intégration. Les logiques de division l'ont longtemps emporté en Europe encore plus qu'ailleurs, mais c'est pour cette raison même – des dégâts entre voisins proches – que les Européens ont fini par se rendre à l'évidence. L'Europe c'est la paix, mais pas seulement. C'est, au-delà de la paix, une rencontre enfin possible entre des habitants qui ont tant à partager.

CHAPITRE 3

Un pays sage

Les Européens aiment le Brésil et les Brésiliens : baie de Rio, samba, *futebol*, *caipirinha*, *telenovela*, carnaval... Un pays neuf, accueillant et plein d'énergie qui nous change de l'ambiance crépusculaire du Vieux Continent. Le Portugal, lui aussi, a plutôt une bonne image auprès des Européens, qui fréquentent volontiers les plages de l'Algarve, Lisbonne ou Madère. On ne dit pas non au *bacalhau* ou au fado et on écoute d'une oreille attentive les incitations financières à venir s'installer ici. Cependant, le Portugal reste perçu comme un pays pauvre, en tout cas périphérique, un pays de l'Europe du Sud, que l'on connaît d'abord par ses émigrants, maçons, concierges ou chauffeurs de taxi. Le Brésil semble bien plus dynamique, innovant et florissant que le Portugal. De fait, dans le classement 2018 de l'indice de développement humain, le Portugal n'occupe que la 41e position avec la valeur 0,847 (la Norvège est première avec 0,953, la France 24e avec 0,901) alors que les pays européens occupent sept des dix premières places. Le Brésil, quant à lui, se trouve à la 79e (0,759), dépassé par huit pays hispanophones d'Amérique. Si on considère les inégalités, le Brésil se révèle être l'un des pays du Monde où les disparités entre riches et pauvres sont les plus fortes (indice de Gini : 51,3, contre 41,5 aux États-Unis) tandis que celui du Portugal est de 35,5 (les pays de l'Union européenne se situant entre 27 et 38).

Si l'on compare ces deux pays lusophones, le niveau et la qualité du développement sont clairement plus élevés au Portugal. Ces dernières décennies, sous la présidence de Lula et de Dilma Roussef (2003-2016), le Brésil a connu des politiques publiques plus fortement redistributrices qui ont permis de réduire la pauvreté mais, depuis l'élection de Jair Bolsonaro, en 2018, cette logique risque fort de s'inverser. Quant au Portugal, discret « bon élève » de l'UE, après avoir subi une crise économique terrible dans les années 2009-2014 et avoir pris des mesures d'assainissement rigoureuses, il peut enfin entrer dans une spirale vertueuse d'essor partagé.

En fait, la comparaison fait sens au-delà des conjonctures économiques ou politiques. Ce sont des tendances de bien plus long terme qui impriment des différences de fond entre les sociétés, avec pour le Portugal un développement qui profite bien davantage aux personnes les plus modestes grâce à des politiques publiques plus puissamment redistributrices, tandis qu'au Brésil la croissance, même très soutenue, contribue peu à une désexclusion des pauvres. Le Portugal est, d'abord, un pays européen, aux inégalités contenues et discutées dans le débat public. Cela a permis son évolution, d'une situation de périphérie très marquée qui le caractérisait encore dans les années 1970 à un rapprochement avec le centre européen aujourd'hui. Le rôle des « fonds de cohésion » de l'Union européenne a été significatif, accélérant nettement le processus. Le Brésil est, d'abord, un pays latino-américain largement structuré par un colonialisme intérieur. Cependant, il ne s'agit pas que de redistribution car, comme le montre le PIB par habitant, les Portugais sont deux fois plus productifs que les Brésiliens.

Les Européens se sont longtemps surestimés, ont été arrogants et méprisants vis-à-vis du reste du Monde, quand ils n'ont pas réduit les autres peuples à l'état de sous-hommes tout en se proclamant porteurs de principes universels. Quand on a fait tout cela, peut-on encore être fier de ce qu'on est ?

Oui, avec humilité, sans se voiler la face sur les crimes du passé et sans se mentir sur les contradictions du présent. Et voici ce qu'on peut dire alors :

Les habitants de l'Union européenne, qui représentent 6,9 % de la population de la planète, produisent 22,1 % du produit intérieur brut mondial, soit, si on rapporte le premier chiffre au second, un indice de surproductivité de 3,1. L'Europe est un pays particulièrement prospère en comparaison de l'essentiel du reste du Monde. Ces données sont comparables à celles du Japon (1,7 % de la population mondiale, 5,6 % du PIB mondial, surproductivité de 3,3), bien supérieures à celles de la Chine (respectivement 19 %, 14,8 % et 0,78), malgré son rattrapage spectaculaire. Les États-Unis (4,3 %, 24,4 % et 5,7) sont plus productifs et plus riches mais moins soucieux de développement durable dans deux de ses trois piliers : une société davantage inégale et une nature moins bien préservée.

L'Europe, c'est l'égalité dans la liberté

L'Europe se caractérise d'abord par l'application des principes de la république démocratique (État de droit, séparation des pouvoirs, libertés civiles, citoyenneté), communs à l'ensemble de l'Occident et au-delà.

Dans ce cadre, l'Europe se distingue par un couplage liberté-égalité très ancré. En effet, la société européenne dispose de dispositifs de solidarité puissants qui limitent le poids et les conséquences des inégalités économiques et permettent plus qu'ailleurs à chaque individu de définir sa vie désirable indépendamment du poids de ses origines sociales. C'est notamment la conséquence de la qualité de l'offre d'enseignement et de formation, qui ne parviennent pas toujours (les performances des systèmes nationaux sont variables à cet égard) à donner un égal accès à un parcours de haut niveau à tous, mais sont dans l'ensemble bien plus égalitaires que, par exemple, aux États-Unis. Dans ce pays, les politiques publiques portant sur la scolarité obligatoire sont sous-traitées à des *school boards* dont la géographie recoupe celle des revenus : autrement dit, les riches se paient leurs écoles, les pauvres, les leurs. Malgré de nombreuses faiblesses, les flux de redistribution se justifient dans toute l'Europe par l'objectif d'amener les niveaux d'inégalités à un niveau jugé raisonnable. Et de fait, comme le montrent les études comparatives[1], les inégalités de revenus sont modérées et stables en Europe de l'Ouest (la part de l'ensemble des revenus obtenue par les 50 % les plus pauvres est de 22 % contre 12 % pour le pourcent le plus riche), tandis que, aux États-Unis, les disparités sont bien plus marquées (le couple est inversé à 13 % pour les plus pauvres/20 % pour les plus riches). En outre, le poids de la moitié la plus pauvre est resté assez stable en Europe, entre 21 et 24 %, entre 1980 et aujourd'hui, tandis qu'elle passait de 21 à 13 % aux États-Unis. On a donc des courbes horizontales et parallèles dans un cas et des courbes en fortes pentes qui se croisent dans l'autre.

Le pays du développement durable

L'Europe apporte aussi une contribution majeure au développement de ce qu'on peut appeler, en suivant Norbert Elias, la « société des individus ». C'est en Europe que les communautarismes biologique (fondé notamment sur le sexe, l'âge ou l'ethnie), religieux et étatique ont le plus reculé sous les coups de valeurs le plus souvent inventées en Europe et qui y sont, dans l'ensemble, mieux appliquées qu'ailleurs. C'est en Europe que le projet « culturaliste » consistant à enfermer des groupes dans une identité figée, définie par la « race », c'est-à-dire par une filiation biologique, a également le plus reculé, au contraire de l'Amérique du Nord. Dans la gestion des migrations, c'est en Europe que le couple assimilation (le migrant se conforme aux normes de la société d'accueil)/ accommodation (la société d'accueil accepte le migrant tel qu'il est) ouvre le plus efficacement sur un troisième terme, l'intégration. Les résultats de l'Europe sont à certains égards comparables avec les États-Unis, qui ont réussi à incorporer à la société de nombreuses vagues d'immigration. Cependant, sur l'ensemble du continent américain, il reste quelque chose de l'origine coloniale de la construction sociale : les habitants les plus anciens (autochtones amérindiens ou esclaves amenés d'Afrique par la force) ont été soit exterminés, soit soumis à une domination féroce dont certains éléments peinent à disparaître. En outre, aux États-Unis, la faiblesse des filets de solidarité conduit à faire de la communauté d'origine une ressource de mutualisation du risque et à laisser perdurer des groupes ethnolinguistiques séparés, qui fonctionnent, sur le même territoire, comme des sociétés distinctes.

Dans l'ensemble, c'est en Europe que les immigrés peuvent le moins mal maîtriser leur *devenir-habitant* d'une nouvelle société. C'est la conséquence du fait que l'idée d'un cosmopolitisme intégrant de nouvelles forces sur la base de valeurs partagées est la plus dynamique en Europe. Cela se traduit par l'idéal d'*alteridentité*, c'est-à-dire de porosités à l'autre métabolisées dans le cadre d'identités solides parce qu'en mouvement[2].

Enfin, l'Europe se situe à la pointe de la conscience écologique. C'est en Europe qu'a été inventé, dans les années 1970 et 1980, et c'est en Europe que s'est le mieux établi le paradigme du développement durable. Celui-ci, formalisé en 1987 par le rapport Brundtland, pose le développement à long terme des sociétés et la protection des environnements naturels comme compatibles (et non antinomiques), comme deux manières d'exprimer le même projet de progrès durable et de solidarité transgénérationnelle cohérente avec elle-même. Or cette idée suppose une vision systémique du développement capable d'inclure et d'intégrer des éléments apparaissant au départ comme hétérogènes tels que la croissance économique et la cohésion sociale, la liberté et l'égalité, le naturel et l'artificiel. Cette complexité s'intègre plus aisément dans la tradition synthétique de la philosophie « continentale » tandis que la pensée anglo-saxonne, née en Angleterre mais très présente en Amérique du Nord, reste exclusivement analytique et tend à se représenter la logique économique et les autres logiques sociales comme incompatibles. De fait, la conscience écologique est souvent ressentie aux États-Unis comme un renoncement au progrès, tandis qu'en Europe, où le projet de développement durable reçoit un appui majoritaire, la nature est vue plus souvent comme l'enjeu d'une responsabilité éthique et politique en même temps qu'une ressource pour le développement.

C'est sans équivoque l'Europe qui, après avoir inventé et promu le protocole de Kyoto (1997), a été le moteur de l'accord de Paris signé à la COP21 (2015) et de son application.

Les villes sont les foyers de l'Europe

À quoi savons-nous que nous sommes en Europe ? D'abord, peut-être, au style de ses villes. Parmi les acquis du parcours historique de l'Europe, la ville occupe une place à part. Elle joue un rôle essentiel dans la bifurcation européenne, mais elle apporte aussi des réalités nouvelles qui en sont à la fois une composante et une conséquence. Même s'il a existé dans des expressions moins abouties ailleurs, l'espace public est indissociable de l'européanité. C'est en Europe que les rues et les places, les cafés et les parcs, les gares et les trams ont été rendus accessibles à tous, femmes ou hommes, jeunes ou vieux, habitants permanents ou éphémères, d'où qu'ils viennent. Cela a commencé à la fin du Moyen Âge et s'est confirmé à partir du XVIIIe siècle. L'espace public, autorégulé par des règles de civilité définies dans l'interaction entre les personnes, suppose une égalité de principe, qu'on mesure bien *a contrario* dans les régions du Monde où domine le rapport de force entre les personnes et les véhicules. La présence d'espace public, sous forme fixe ou mobile (transports publics), est maximale en Europe et elle donne aux sociétés urbaines une visibilité à elles-mêmes : dans l'espace public, tous les éléments qui composent la société urbaine sont perceptibles sans effort à tout un chacun. Cette conscience d'appartenir à un tout complexe et dynamique favorise la mobilité sociale et l'intégration des plus démunis. Plus généralement, l'urbanité comme combinaison de densité et de diversité tend à fédérer des notions telles que l'effet d'agglomération (en économie), la polarité (en géographie), la sociabilité urbaine (en sociologie) ou la centralité (en urbanisme). Cette convergence conceptuelle est apparue en Europe parce que c'est là que le monde urbain se présente de la manière la plus immédiatement sensible comme un système d'acteurs multidimensionnel. C'est aussi le cas du mot *urbanisme*, qui, même aux États-Unis (avec le mot *urbanism*) et sous influence européenne depuis les travaux du Catalan Ildefons Cerdà (1815-1876), tend à remplacer le vocable *urban planning*. Celui-ci rend moins bien compte d'une réalité fondamentale mise au jour en Europe : ce sont les citadins, par leurs manières d'habiter, qui font la ville. Si les villes européennes ne sont ni les plus denses, ni les plus grandes, c'est là que l'urbanité est la plus forte, grâce à leur cosmopolitisme, bien supérieur à celui des villes asiatiques, qui, pourtant, leur ressemblent le plus à bien des égards. C'est la conséquence paradoxale de la colonisation : c'est aussi l'immigration en provenance d'anciens pays colonisés qui donne une part significative de sa diversité aux villes européennes. Il n'est donc pas surprenant qu'en Asie, en Amérique latine et, depuis les années 1990, en Amérique du Nord, la ville européenne soit la référence et l'emblème de la renaissance urbaine.

Une panne de futur aggravée par les lourdeurs nationales

Le présent est honorable, cela ne fait pas de doute. En revanche l'Europe a un problème avec le futur. Elle constitue un milieu moins innovateur que l'Amérique du Nord et que la Chine. C'est d'abord lié à une moindre synergie entre la production de connaissances et la valorisation économique de ces connaissances. Du tissu très maillé des universités aux méga-firmes numériques GAFA (Google-Amazon-Facebook-Apple), il y a aux États-Unis de nombreuses passerelles intermédiaires : des milieux innovateurs favorables, des financeurs à l'affût de placements risqués mais prometteurs dans des start-up, un marché organisé du capital-risque avec une Bourse dédiée, le Nasdaq, une fiscalité favorable et un marché intérieur réactif. Il y a de bonnes universités en Europe (environ un tiers des cent meilleures selon les différents modes de calcul), mais la tête du classement est surtout constituée d'universités britanniques, construites sur un modèle nord-américain. Les établissements qui s'en éloignent le plus, en France et en Italie notamment, se retrouvent dans les profondeurs des listes. L'université francophone la mieux placée est le plus souvent l'École polytechnique fédérale de Lausanne, qui a bien plus pour modèle le Massachusetts Institute of Technology que la Sorbonne.

Pourquoi n'y a-t-il pas de Steve Jobs en Europe ? Pour toutes ces raisons mais sans doute aussi pour des raisons plus systémiques, sociologiques et culturelles. L'imaginaire du parcours de vie et, plus généralement, le rapport au futur restent optimistes dans l'ensemble de la société américaine. Dans les sociétés européennes, c'est plus contrasté, car, si le projet de vie personnel est bien valorisé par presque tous, on attend de la société qu'elle offre un cadre sûr presque totalement indépendant des contributions qu'un individu peut y apporter. Il en résulte une forte présence de l'égalitarisme, c'est-à-dire une expression particulière de l'égalité qui minore la responsabilité de l'intéressé pour atteindre cette égalité. En Europe, la solidarité vient presque exclusivement de l'État et cela suscite des attentes fortement dissymétriques défavorables à l'initiative personnelle.

L'Europe garde des traces de la société paysanne du XIXe siècle, traumatisée par la révolution industrielle. La dureté de la vie ouvrière a entraîné un fort désir de stabilité spatiale (sédentarité, « enracinement » local multiséculaire) et temporelle (« cycles de vie » imposés, qui séparent strictement les activités selon l'âge). On peut aussi considérer que la puissance acquise par l'État providence européen (40 % environ du PIB européen prélevé par la sphère étatique et réinjecté de manière égalisatrice dans la société) a créé à la fois une sécurité, enviée dans le reste du monde, dans le rapport à toutes les espèces de risque auxquels les individus contemporains sont exposés et une dépendance à la distribution d'argent public qui nuit à l'engagement de ces mêmes individus dans l'innovation et le changement de leurs compétences, de leurs projets et de leur être au monde. Non seulement la croissance économique est atone (moins de 1 % par an en moyenne dans la dernière décennie) mais les indicateurs de développement comme le système éducatif ou les productions à forte composante créative ne sont pas, on l'a vu, très encourageants.

Cette difficulté à « habiter le futur » est forte en Europe, mais elle résulte davantage de l'épuisement des logiques nationales. Il résulte de ce constat que ce qui fonctionne bien en Europe a beaucoup à voir avec les dynamiques propres, soutenues par l'UE, de la société européenne tandis que les freins sont plutôt à rechercher dans les cultures étatiques nationales.

DEUXIÈME PARTIE

L’Union taille sa route

CHAPITRE 4

La construction européenne, un avènement inédit

Le 14 décembre 1965, Charles de Gaulle déclarait, lors d'un entretien télévisé[1] :

> « Bien entendu, on peut sauter sur sa chaise comme un cabri en disant "L'Europe !, l'Europe !, l'Europe !", mais cela n'aboutit à rien et cela ne signifie rien. C'est commode et quelquefois c'est assez séduisant, on va sur des chimères, on va sur des mythes. Mais il y a les réalités et les réalités ne se traitent pas comme cela. Les réalités se traitent à partir d'elles-mêmes. »

Cette prise de position publique se situait entre les deux tours de l'élection présidentielle française, la première de la Ve République au suffrage universel. Le président sortant, contrarié par une mise en ballottage jugée peu auparavant impensable, inaugurait une tradition consistant, pour les candidats en difficulté, à tenir des propos nationalistes et anti-européens. L'élection de 2017 est la première depuis 1995 à l'occasion de laquelle le nouveau président n'a pas promis, pour l'emporter, qu'il allait remettre au pas l'Union européenne

– la Commission, le Parlement, le Conseil, la BCE – par la seule magie de sa légitimité nationale.

Aujourd'hui, certains n'ont pas perdu le goût de se remuer pour soutenir l'idée européenne, d'autres hésitent, d'autres encore montrent leurs petites cornes. Il y a désormais 500 millions de cabris qui discutent de l'Europe, disent comment ils la voient et comment ils la veulent, élisent démocratiquement leurs députés européens. Sacré troupeau ! De Gaulle a eu beau trépigner comme un vieux bouc pour défendre le souverainisme monoscalaire, il a perdu. Aujourd'hui, même les adversaires de l'Union européenne reconnaissent le caractère irréversible de la plupart des mécanismes supranationaux qui lui donnent sa spécificité. Les mythes et les chimères se trouvent désormais dans l'autre camp. La réalité la plus présente, la plus prégnante et la plus dynamique en Europe, c'est l'Union européenne. Pourquoi, comment ?

République démocratique d'Europe

Classiquement, les relations entre États se règlent par la violence. Les États européens ont joué à ce jeu jusqu'à détruire l'Europe. La construction européenne rompt avec ce mode de régulation des conflits et s'engage dans un autre type de régulation, par la légitimité, en s'interdisant la guerre et en gérant de manière coopérative les problèmes entre les territoires qui la composent.

C'est un événement majeur que l'on puisse, entre États, avoir recours à la discussion, certes parfois houleuse, au vote si nécessaire, certes selon des règles qu'on peut discuter, mais en excluant absolument tout recours à la violence. C'est une situation inédite dans l'espace mondial comme dans l'histoire universelle que des États souverains organisent leurs relations entre eux selon cette modalité. Cela explique que les choses ne soient pas toujours faciles. Dans une société politique, il y a de nombreux acteurs dont aucun n'est hégémonique et ne peut se permettre d'exclure les autres. C'est vrai dans toute république[2], là où l'État de droit, la séparation des pouvoirs et la liberté d'expression constituent autant de contre-pouvoirs qui encadrent l'action gouvernementale. Si, en outre, cette vie politique est démocratique, les citoyens peuvent intervenir par leurs choix électoraux et se manifester, d'une manière ou d'une autre, à tout moment. L'exemple du Brexit est très convaincant à cet égard.

Un tel processus consistant à construire une nouvelle réalité étatique à partir d'États existants dans un environnement républicain ne s'est jamais produit dans l'histoire de l'humanité. La construction des États-Unis s'est accompagnée d'une multitude de violences : l'esclavage, la guerre d'indépendance, le génocide des Amérindiens, les guerres contre le Mexique, la guerre de Sécession et l'oppression des Noirs. Ces événements ne sont pas anecdotiques dans l'histoire des États-Unis : ils la fondent et ils lui imposent leur style. Ils caractérisent la face sombre d'une société dont l'histoire est une suite de relances des relations conflictuelles entre ce versant et un autre, antithétique, fait de liberté, d'égalité et d'utopie progressiste.

La construction européenne présente une autre configuration : elle consiste à assumer l'héritage d'un passé contrasté et à « métaboliser » cet héritage pour inventer quelque chose de nouveau.

La cristallisation d'une longue histoire

Officiellement, l'histoire commence en 1945 dans un continent en ruine. De 1950 à 1955, l'Union européenne des paiements est un premier pas vers le fédéralisme monétaire qui a fini par prendre la forme d'une monnaie unique, l'euro, en 1999. En 1951, la Communauté européenne du charbon et de l'acier (CECA) constitue la première mise en œuvre de la supranationalité européenne, dont le traité de Rome, en 1957, élargit le champ.

Cependant, l'histoire de la construction européenne a commencé bien plus tôt, peut-être en Bohême en 1464. Le roi de ce pays, George Podiébrad (Jiří z Poděbrad, 1420-1471), propose aux souverains européens un projet d'*Universitas*[3] qui est une confédération des États européens, fondée sur une alliance militaire (contre l'Empire ottoman), un tribunal indépendant d'arbitrage des conflits entre États, une solidarité financière avec les pays qui en auraient besoin, une Assemblée permanente constituée de délégués de chaque pays et dotée d'un président, dont le siège se déplacerait tous les cinq ans entre Bâle, la France et l'Italie, et enfin une contribution fiscale spécifique pour faire fonctionner la confédération. D'autres projets similaires se succèdent au XVIIe siècle avec Sully et Leibniz, au XVIIIe avec Voltaire, Rousseau, l'abbé de Saint-Pierre et Kant, qui parlent du Monde mais pensent surtout à l'Europe, ou encore, au XXe siècle, avec les nombreuses propositions d'union, jusqu'à celles de l'entre-deux-guerres qui font le lien avec le passage à l'acte d'après 1945.

Comment expliquer le fait que cette approche, cohérente et répétée, soit restée sans effet ? Une hypothèse qu'on peut formuler est que ces projets ont pris appui sur l'émergence d'une société européenne, celle des villes, des réseaux, des savants et des artistes, tandis que les États, tout occupés à construire par la guerre des entités territoriales toujours plus puissantes et ambitieuses, ne pouvaient tout simplement pas entendre ces discours. Le roi de France Louis XI écouta poliment Georges Podiébrad et on en resta là – jusqu'à ce que la Seconde Guerre mondiale, ses 50 millions de morts, ses 60 millions de réfugiés et ses deux génocides rebattent les cartes de l'Europe.

Une culpabilité enfin métabolisée

Après 1945, la construction européenne se déroule dans un contexte où les citoyens européens prennent progressivement conscience que la première moitié du XXe siècle a été marquée par des horreurs dont ils ne peuvent tout simplement pas rejeter la responsabilité sur d'autres qu'eux-mêmes. La Première Guerre mondiale a été une boucherie inutile. La Seconde a été marquée par des exterminations de masse soigneusement organisées par un dispositif impliquant une multitude d'agents. Le travail de Hannah Arendt sur le totalitarisme nazi montre à quel point les individus les plus ordinaires sont partie prenante du système. L'expérience menée entre 1960 et 1963 par Stanley Milgram démontre comment des personnes respectueuses de l'autorité prises au hasard peuvent se muer en redoutables bourreaux. En 1947, Theodor Adorno et Max Horkeimer vont jusqu'à incriminer la révolution industrielle, la valorisation de la technique et même les Lumières dans le processus d'autodestruction du monde social.

Presque en même temps, le concept de totalitarisme est logiquement étendu au stalinisme et même, de proche en proche, aux mouvements communistes dans leur ensemble, très présents en Europe, de la même manière que les différents fascismes apparaissaient comme des versions atténuées du nazisme. Dès 1953, Czesław Miłosz avait montré, dans *La Pensée captive*, comment un totalitarisme en temps de paix était à bien des égards pire que celui qui était indissociable de la guerre : les communistes au pouvoir ont eu le temps d'installer un système qui brisait méthodiquement, d'un même mouvement, la société et l'individu.

Un peu plus tard, la prise de conscience des crimes consécutifs à la colonisation européenne étend encore le champ de la réflexivité des Européens. Le racisme institutionnel, la destruction systématique des sociétés préexistantes, le recours à tous les moyens pour maintenir la domination ne caractérisaient pas seulement les guerres coloniales comme celles d'Indochine (1946-1954) et d'Algérie (1954-1962) mais, là encore, une mécanique quotidienne parfaitement rodée. Dans ce cas, les dégâts portent sur l'ensemble du monde : les Européens perdent alors toute légitimité à vanter leur histoire et à se poser, comme ils avaient coutume de le faire, en donneurs de leçons aux habitants de la planète. L'Europe, disent les tenants du « postcolonialisme », doit se « provincialiser » et cesser de prétendre à définir l'universel. Enfin, dans les dernières années du XXe siècle, les guerres dans l'ex-Yougoslavie et le génocide des Tutsis au Rwanda reposent la question d'une implication directe ou indirecte des Européens dans les horreurs commises sous leurs yeux.

Le problème se double de fortes réticences d'une partie de la société européenne à reconnaître ses responsabilités. Pendant vingt ans, après la guerre, la société allemande hésite à assumer son passé. Pour ce qui est de Vichy, les Français sont encore plus lents à l'admettre. Pour des raisons à la fois géopolitiques (l'URSS est un partenaire jugé par certains utile face aux États-Unis en même temps qu'un adversaire) et politiques (la place des partis communistes dans les sociétés d'Europe de l'Ouest), on observe une surdité significative vis-à-vis des critiques du stalinisme, des dissidents soviétiques Viktor Kravtchenko dès les années 1940 à Alexandre Soljenitsyne ou à Mstislav Rostropovitch dans les années 1970. On note que, pendant la guerre froide, les principes de liberté invoqués pour combattre le camp soviétique ont été l'occasion, surtout aux États-Unis mais également en Europe, de graves manquements à l'État de droit. Autrement dit, le cauchemar éthique a continué bien après les procès de Nuremberg.

Or la construction européenne permet d'ouvrir des pistes pour passer de la culpabilité à une posture plus positive. Les responsabilités doivent bien sûr être assumées, mais, grâce à cette reconnaissance et à la demande de pardon aux victimes, voire à une réparation matérielle concrète, ce peut être le point de départ d'une nouvelle recherche d'universalité. Le passé devient une expérience certainement douloureuse et coupable mais aussi une source de connaissance qui peut empêcher de nouvelles horreurs.

Être critique sur son histoire en n'hésitant pas à contester les mythes nationaux, c'est justement ce que favorise la légitimité de l'Union européenne. Plus encore que leur statut de chercheurs, elle débarrasse les historiens de tout dilemme de loyauté. Dénoncer les politiques de son propre État, les complaisances de sa propre société devient d'autant plus facile qu'un monde extérieur existe bel et bien comme entité politique fondée sur le même socle de valeurs qui animent ceux qui considèrent comme nécessaire de ne pas cacher un passé « qui ne passe pas ».

Cette garantie n'a rien à voir avec un dénigrement facile car elle donne, en retour, des responsabilités aux Européens : mettre à la disposition des citoyens du Monde leur expérience et les leçons qu'ils ont tirées de cette expérience. Ils peuvent – et c'est un engagement éthique logique – s'impliquer dans les enjeux politiques mondiaux d'aujourd'hui en gardant pour toujours la modestie qui s'impose, à hauteur de leur implication, bonne ou mauvaise, du passé.

Inversement, la haine de l'Europe est d'abord le rejet de la construction d'un espace politique commun avec ses voisins qui ont souvent été rivaux ou ennemis. Elle se nourrit d'une haine de soi des Européens comme européens. La xénophobie antiallemande a ainsi été lourdement présente dans la France de l'après-guerre. Aujourd'hui encore, dans les anciens empires, le souverainisme s'accompagne d'une réticence à reconnaître les crimes commis par son propre État. Pour le nationalisme de droite, c'est cohérent avec l'idée que les empires se légitiment par l'héroïsme et la tradition et n'ont pas à se justifier en se conformant à des valeurs. Pour le nationalisme de « gauche », la critique de l'État-nation écrasant les différences internes ou de l'État-empire exploitant les autres peuples se contente de positions de principe mais conserve l'essentiel : une suspicion récurrente vis-à-vis des voisins européens, une approche protectionniste ou néomercantiliste des relations économiques mondiales, comme au bon vieux temps. En France, sur ce versant du souverainisme national, un migrant malien clandestin mérite notre solidarité, un plombier polonais en situation régulière, c'est bien plus improbable.

La tyrannie des cliquets ?

En plus du passé disputé de l'Europe, la construction européenne souffre d'un débat mal construit sur sa légitimité. L'idée selon laquelle ce processus n'aurait été démocratique qu'en apparence, du fait de sa confiscation par les pouvoirs technocratiques de la Commission, mérite attention. La logique des cliquets (*spillover effect*), c'est-à-dire de changements « incrémentaux », discrets mais irréversibles, serait une violence exercée contre l'opinion, la démocratie et les « peuples » et doit être analysée ici.

Une multitude d'exceptions (*opting out*) ont été arrachées non seulement par le Royaume-Uni après le virulent « *I want my money back* » de Margaret Thatcher en 1979 mais aussi par l'Irlande (espace Schengen, police et justice), le Danemark (euro, police et justice, défense) et la Pologne (Charte des droits fondamentaux). Or ces exceptions ont pour une bonne part été obtenues après que les États concernés s'étaient engagés à respecter une règle commune qu'ils ont ensuite contestée. Par ailleurs, plusieurs pays (Suède, Pologne, République tchèque, Hongrie) devraient et pourraient adopter l'euro mais traînent les pieds pour le faire. La souplesse de l'UE dans l'application de décisions prises ne fait donc pas de doute. Cela crée certes une complication de l'espace institutionnel européen, encore augmentée par les multiples implications dans une partie de la vie de l'UE par des pays non membres comme la Norvège, la Suisse ou l'Islande. Mais cette *géographie variable* témoigne précisément de la plasticité coopérative et non contraignante de cette fédération européenne d'États-nations dont la souveraineté demeure dans de nombreux domaines, à rebours de tout néo-impérialisme.

Vis-à-vis des États, la logique des « cliquets » reste donc très limitée. Pour l'opinion publique, la « prise de conscience » progressive des « dangers » de la construction européenne résume à sa manière la montée du populisme en Europe. Dans une première phase, des années 1950 aux années 1980, les questions européennes faisaient souvent l'objet d'un consensus entre les partis présents au Parlement sur les différentes scènes politiques nationales. Dans la plupart des pays membres, les oppositions restaient marginales et ne parvenaient guère à mobiliser les électeurs lorsque ceux-ci étaient directement consultés. Ainsi, en France, l'adhésion du Danemark, de l'Irlande et du Royaume-Uni fut approuvée par référendum en 1972 à 68 % des électeurs, avec une participation de 61 %. Les adhésions à l'Europe ont même spécifiquement bénéficié du soutien des sociétés (Norvège exceptée). Au Royaume-Uni, le référendum de 1975 confirma l'adhésion de 1973 par 67 % (avec 65 % de participation). Les adhésions 1995, 2004 et 2007 furent (à port Malte et la Bulgarie) ratifiées par référendum à une large majorité des votants (avec des participations élevées en 1995, et comprises entre 52 et 64 % en 2004).

C'est le débat sur le traité de Maastricht, instaurant l'Union européenne conclu en 1991, qui représente le point d'inflexion. Au Danemark, le traité fut refusé de justesse et donna lieu à des négociations qui aboutirent aux exemptions mentionnées plus haut. En France, à l'issue d'une campagne de plus en plus conflictuelle, le soutien au traité l'emporta de peu (51,1 %, avec une participation de près de 70 %). Le climat se tend nettement en 2005 avec le rejet sans appel par référendum en France (55 %, participation de 69 %) puis aux Pays-Bas (61,5 %, participation de 63 %) du projet de Constitution européenne. Ce fut suffisant pour bloquer le processus constitutionnel.

Le traité de Lisbonne, entré en vigueur en 2009, procède de ce refus, donnant en pratique un droit de veto aux électeurs des deux seuls pays ayant marqué leur rejet.

Si, de manière contradictoire, ce traité de Lisbonne reprend pour l'essentiel la substance du projet de traité constitutionnel abandonné, c'est pour tenir compte du fait qu'une large majorité de citoyens l'avait approuvé par voie référendaire ou parlementaire. Certes, il aurait été plus simple d'organiser un référendum unique dans toute l'Europe qui aurait dégagé une majorité et une seule, pour tout le continent. Mais c'est justement ce genre d'événement que craignent par-dessus tout les souverainistes. La possibilité d'un vote de l'ensemble des citoyens sur un sujet d'intérêt commun constitue typiquement un enjeu… constitutionnel.

Ainsi, depuis le traité de Maastricht qui mutualise, pour la première fois, des éléments de souveraineté régalienne, on assiste à la fin du « consensus permissif » sur la construction européenne. Avec cette mutualisation de la monnaie, de la justice, de la police, de la défense et de la politique étrangère, l'opinion publique s'est, encore plus depuis 2005, clairement divisée sur la question de l'effet de cliquet, c'est-à-dire d'une irréversibilité supposée de la construction européenne, celle-ci étant perçue par une partie de l'opinion publique comme une atteinte à la souveraineté nationale, et donc à la souveraineté populaire.

Cette opinion publique a, surtout depuis 2005, clairement joué un rôle *anticliquet*. C'est le cas en France par exemple avec la dénonciation par de nombreux syndicats et partis politiques de la concurrence déloyale qu'exerceraient les « travailleurs détachés » sur les marchés de l'emploi des pays les plus généreux en salaires et en prestations sociales, en pratique les travailleurs des nouveaux pays membres où les salaires étaient plus faibles. Cette protestation a eu des effets sur la directive européenne de 1996, d'abord modifiée en 2014 par une directive d'application, afin de prévenir les fraudes et les contournements des règles, puis réformée en 2016 pour aligner la rémunération des travailleurs détachés sur celles de leurs collègues autochtones.

Il n'y a donc pas plus d'opacité, d'automatisme et d'irréversibilité dans la vie politique européenne que dans n'importe quelle autre république démocratique.

Ce qui est vrai, en revanche, c'est que plus la construction de l'Europe avance, plus elle crée un socle stable fait d'accumulations successives d'idées, de règles et de valeurs, qu'il n'est pas interdit de remettre en cause mais qui se révèle d'autant plus solide qu'il n'a pas été imposé par la force et qu'il est le résultat de processus lents et soigneux d'écoute, de débat et de compromis dynamiques. C'est ce qui existe dans toutes les sociétés dont personne ne songe à remettre en cause tous les cadres constitutionnels ou institutionnels chaque fois qu'un désaccord sur une politique publique apparaît. Pour l'Europe aussi. Il y a une histoire des prémices de la construction européenne, il y a aussi, désormais, une histoire de l'Europe en construction.

CHAPITRE 5

Brexit : démonstration par l'absurde

Le 23 juin 2016, le peuple britannique décida par référendum de sortir de l'Union européenne. Indépendamment de l'enchaînement des événements qui a suivi ce vote, cette décision nous en dit beaucoup sur la nature de l'Union. C'est un événement majeur – mais pas pour les raisons qui furent avancées dans les jours et les semaines qui suivirent cette décision.

Le Brexit, une séparation qui renforce l'Union

Spontanément et intuitivement, cette décision fut avant tout interprétée comme le signal d'une crise grave et profonde de l'Union européenne et comme le début de son détricotage. Telle une série de dominos appuyés les uns sur les autres, le territoire de l'UE allait se défaire pièce par pièce. En deuxième lieu, le Brexit signalait le retour de la souveraineté, tant nationale que populaire, chez les Européens. Le slogan de campagne

« *Take control back* » ne serait pas un slogan, mais une réalité, concrète, tangible. Enfin, le Brexit signalait une victoire de plus pour la « postvérité » et la démagogie, et partant pour les mouvements populistes. En effet, les tenants du *remain*, mais aussi la grande majorité des observateurs, ont considéré que la plupart des arguments de campagne des *brexiters* étaient tout simplement faux et trompeurs[1].

Avec le recul, que nous apprend le Brexit et quelles sont ses conséquences pour le futur ? L'enseignement le plus important est que l'Union européenne est une organisation démocratique d'États-nations. Ensuite, le Brexit montre l'existence d'une société et d'un territoire européens. Est apparue aussi la médiocrité des élites politiques britanniques ainsi que la colonisation de la droite européenne par des idées venues de l'extrême droite. Le quatrième enseignement est la division spatiale entre deux Royaume-Uni[2].

Le plus surprenant dans cette affaire est qu'il se réalise sans violence ni conflit. En effet, sauf rares exceptions, ni l'histoire universelle ni l'espace mondial ne se caractérisent par des divorces à l'amiable entre territoires. C'est plutôt le contraire qui est vrai. Le caractère méthodique, pacifique, négocié, raisonnable, rationnel du divorce entre le Royaume-Uni et l'UE n'est pourtant jamais souligné. Il n'est question que d'échec, de douleur, de rétrécissement, d'effet domino, de délitement. L'effet domino et le délitement ont fini par disparaître des nuages de mots relatifs au Brexit tant ils résistent aux faits. De même, il a fallu attendre deux ans pour que soit finalement admis un fait tout aussi objectif : les vingt-sept autres États membres présentent un front uni – et déterminé – face au Brexit. Une stratégie commune, un bras armé. La politique britannique de l'UE témoigne que la méthode européenne, non seulement existe, mais fonctionne. La politique britannique de l'UE depuis le vote du Brexit n'est qu'un cas de politique publique décidée et mise en œuvre par le système politique et institutionnel qu'est l'UE. Il est seulement le plus visible de la période, car le plus médiatique. Et comme la plupart des commentateurs ne s'attendaient pas à ce front uni, plutôt que de se demander s'il n'est pas révélateur d'une forme d'ordinaire, ils en parlent comme d'un miracle.

Pourtant, ce fait reste anecdotique comparé au deuxième enseignement majeur du Brexit : celui qu'on peut tirer d'une séparation pacifique. On devrait parler du Brexit comme d'une *sécession de velours*. Car c'est bien de cela qu'il s'agit.

Un divorce pacifique et respectueux

L'histoire est peuplée de sécessions impossibles, refusées, conflictuelles au sein d'entités territoriales dont le contrat comme l'esprit stipulaient pourtant qu'elles étaient le fruit de mariages ou d'associations volontaires entre entités territoriales de plus petit échelon. Ainsi, à la fin du XIXᵉ siècle, les États-Unis durant la bien nommée guerre de Sécession ont été le théâtre d'une terrible guerre civile. Elle avait été provoquée par le refus de la majorité des États fédérés qu'une minorité d'entre eux sortent de la fédération pour créer la leur, plus petite, et préservant le système esclavagiste. Autre occurrence, le refus, par le tout nouveau pouvoir bolchevique, pourtant d'idéologie anti-impérialiste, que des peuples colonisés par l'Empire russe deviennent indépendants. Au début du XXᵉ siècle, il y eut ainsi, par exemple, d'éphémères républiques de Géorgie, d'Azerbaïdjan et d'Arménie réincorporées par les armes. Les trois républiques baltes – Estonie, Lettonie et Lituanie – devenues indépendantes en 1919 furent reconquises militairement par l'URSS en 1939 dans le cadre du Pacte germano-soviétique.

Au milieu du XXe siècle, les territoires d'anciens empires coloniaux ont pu être le théâtre de scissions réalisées par le fer et le sang. Ce fut le cas du processus très violent, caractérisé par des politiques d'épuration ethnique, qui transforma l'Inde britannique en deux États, l'Inde à dominante hindouiste et le Pakistan musulman.

À la fin du XXe siècle, les déclarations d'indépendance de certaines républiques fédérées de Yougoslavie ont été refusées par la principale d'entre elles, qui, en réaction, déclencha plusieurs guerres assorties de politiques d'épuration ethnique.

L'Union européenne se caractérise au contraire par l'authenticité de son principe fédératif[3]. Dans le cas du Brexit, non seulement le reste de l'entité fédérale (l'UE) respecte pleinement la décision de séparation prise par l'une des entités fédérées, mais elle respecte également cette entité fédérée en partance durant la négociation du contrat de divorce. Alors même qu'elle perd un de ses membres, l'UE demeure une organisation politique dont le carburant est la négociation, la recherche du compromis et du consensus, la règle de droit bien plus que le rapport de force.

Une association d'États-nations

Le Brexit est donc une pièce à verser au dossier du procès en déficit démocratique[4]. Le déficit démocratique recouvre deux registres de réalité. Le non-respect de la souveraineté populaire ; le non-respect de la souveraineté nationale. Si l'une et l'autre peuvent se confondre depuis environ un siècle dans les sociétés européennes, elles sont pourtant distinctes. Le peuple peut prendre d'autres formes que la Nation. Toujours est-il que personne dans l'UE ne suggère aux Britanniques qu'ils devraient revoter. Cette hypothèse, devenue préconisation, est envisagée, mais au sein de la société britannique. En l'espèce, l'UE, c'est-à-dire vingt-sept États souverains et leurs institutions supranationales, reconnaissent simultanément et sans réserve et l'expression de la souveraineté nationale britannique, et la souveraineté du peuple britannique.

Cela éclaire rétrospectivement les épisodes si décriés de vote en deux temps de traités européens : par les Danois pour le traité de Maastricht ; par les Irlandais pour les traités de Nice et de Lisbonne. Ces seconds votes permirent de sortir d'une impasse et de trouver un compromis. Ils n'exprimèrent pas une domination. Ces votes se firent en effet sur des versions amendées, pour tenir compte du premier refus de ratification, des traités en question. Car une union d'États souverains implique que les traités qui institutionnalisent cette fédération et leurs relations soient ratifiés par tous ses membres. C'est une façon de pratiquer le vote majoritaire en tenant compte, à un haut degré, des demandes des minorités. Dans l'UE, les minorités disposent de larges pouvoirs. On a beaucoup reproché à l'UE d'avoir, avec le traité de Lisbonne, fait entrer par la fenêtre le traité constitutionnel mis à la porte en 2005 par les référendums français et néerlandais. Mais pour les seize États qui avaient ratifié le traité, dont deux par référendum (Espagne et Luxembourg), n'y avait-il pas un problème de démocratie à dire : vous êtes seize peuples à l'avoir ratifié, mais, deux ne l'ayant pas fait, on ne tiendra pas compte de votre décision ?

Au nom de l'intérêt général, l'UE aurait pu dénier aux Britanniques la possibilité d'exercer leur droit de retrait maintenant. Elle aurait pu les inciter, sous pression, à changer d'avis pour inverser le cours des choses. De la même façon que l'UE n'a jamais fait pression sur un pays pour qu'il la rejoigne (y compris quand un gouvernement avait signé le traité d'adhésion, comme en Norvège et en Islande), elle ne force pas un pays à rester. De manière similaire, l'UE ne contraint pas les États membres à adopter l'euro comme monnaie alors que tous les États s'y engagent lorsqu'ils adhèrent à l'Union. Ainsi la Suède a soumis le remplacement de la couronne par l'euro à un référendum en 2003. Le non l'ayant emporté, la Suède n'a pas opéré cet important changement et l'UE ne fait pas pression pour qu'elle le fasse.

Le Brexit rappelle de façon très visible que l'UE fonctionne selon un principe de fédéralisme démocratique. L'UE est une association intentionnelle de territoires. La construction européenne est un cas très rare, peut-être unique, d'entité territoriale qui s'accroît exclusivement sur la base d'adhésions volontaires. La preuve en est administrée par le Brexit, processus dans lequel la totalité des territoires fédérés respecte le choix de celui qui décide de se retirer de leur union et de leurs institutions et, mieux encore, de l'accompagner dans ce processus par la négociation.

CHAPITRE 6

L'Europe a un territoire, l'Union européenne

En 2018, le thème de la souveraineté européenne a surgi dans l'espace public européen. Le président de la Commission européenne, Jean-Claude Juncker, a intitulé son discours annuel sur l'état de l'Union « L'heure de la souveraineté européenne », martelant que celle-ci avait « définitivement sonné ». Le Parlement européen ayant invité dix chefs d'État ou de gouvernement à livrer, pour en débattre dans l'hémicycle, leur vision de l'avenir de l'Europe, Emmanuel Macron y déclara que « face aux grands bouleversements du monde, nous avons besoin d'une souveraineté plus grande que la nôtre, complémentaire : une souveraineté européenne ». Dans la même enceinte, Leo Varadkar, Premier ministre de la République d'Irlande, expliqua que « la plupart des défis auxquels nous faisons face deviennent mondiaux : ils ne peuvent être relevés par les États-nations agissant seuls ». Angela Merkel, chancelière d'Allemagne, est intervenue dans le même sens : ces défis seront relevés « si nous traitons [au sein de l'UE] les intérêts et les besoins des autres comme si c'étaient les nôtres ». En fait, les dirigeants des pays membres de l'UE se mettent à parler de l'Union européenne comme d'un pays.

L'Union européenne, ce pays

Pour comprendre que l'Europe est bien un pays qui se construit depuis près de soixante-dix ans, le plus efficace est de caractériser le territoire de l'Union européenne. En effet, depuis la Révolution française, toute collectivité démocratique se définit par la souveraineté qu'exerce la société sur le territoire qu'elle habite. Réciproquement, le territoire est l'espace construit par l'exercice de cette souveraineté, c'est-à-dire l'espace d'habitation de cette société en tant qu'elle est autonome, qu'elle se donne ses lois propres, qu'elle n'est soumise à d'autre autorité qu'à la sienne. Le territoire est l'espace politique de la société, c'est-à-dire l'espace avec lequel elle conçoit son fonctionnement et son avenir, et produit les politiques publiques qui les organisent.

Depuis 1789, le droit des peuples à disposer d'eux-mêmes, entendu comme l'exercice démocratique de la souveraineté populaire, s'est le plus souvent confondu avec la nation comme définition du peuple souverain. Le territoire de la souveraineté est alors celui, délimité par des frontières très matérialisées, de l'État lui correspondant. À cet égard, on peut relever que, de 1848 à nos jours, le nombre d'États n'a cessé de croître en Europe en même temps que l'aire de déploiement de la démocratie (disparition des empires en 1918 ; avènement de vingt-deux nouveaux États depuis la fin de la guerre froide en 1989).

Or, à la différence de la France, de l'Estonie, de la Hongrie, du Luxembourg, de la Slovénie, etc., qui sont autant des pays que des États, on fait souvent comme s'il n'y avait pas de pays « Europe », au motif que l'Union européenne ne serait pas un État. L'Union européenne est en effet un collectif supranational d'États-nations démocratiques, ce qui, intuitivement, est une contradiction dans les termes. Elle est pourtant une entité territoriale souveraine à plusieurs égards.

Aux yeux du monde, il est admis que l'UE est une entité territoriale, mais on ne comprend pas très bien si elle est un sujet de droit international au sein de la « communauté internationale ». Elle n'y fait rien comme les autres : elle siège à l'OMC pour elle-même et au nom de ses membres qui n'y siègent pas ; elle est membre du G20 aux côtés d'un petit nombre seulement de ses propres membres ; elle ne siège pas à l'ONU. Aux yeux de ses habitants, elle est comme un État fédéral sans en être vraiment un : à de nombreux égards, elle est souveraine comme un État tout en étant composée d'États eux-mêmes souverains qu'il serait choquant de caractériser d'États fédérés à l'image des Länder allemands, des cantons suisses ou des États fédérés au sein des États-Unis. Enfin, tout le monde reconnaît que ce territoire est en extension continue, avec une capacité d'influence sur son voisinage comme, bien sûr, sur le territoire de chacun de ses pays membres.

Dans le sillage des réflexions du géographe John Agnew et de la sociologue Saskia Sassen, on peut démontrer, d'une part, que la souveraineté peut s'exercer selon d'autres modalités que celles du territoire national et, d'autre part, que l'État-nation est souvent un mythe, une représentation que propagent les acteurs politiques et des politistes. Il existe ainsi de nombreux pays où l'État n'est pas, dans les faits, souverain sur le territoire qui porte son nom. L'Union européenne propose, elle, une *étaticité* spécifique, c'est-à-dire une conception et une pratique de la souveraineté territoriale dont l'État, comme institution bien identifiable, ne suffit pas à rendre compte. Il est trompeur de comparer l'UE aux deux types idéaux de l'État-nation, le français et l'allemand – d'autant plus que rares sont les États-nations à être conformes à ces modèles. Pour rendre compte des structures du territoire européen, il est plus fécond et plus utile de partir de ce qu'il est.

L'intérêt des administrations comme de nombreux groupes sociaux pour la conservation des États en l'état, ainsi que la force des habitudes, font parler de l'indétermination du territoire européen comme d'une imperfection, d'une malfaçon ou d'un inachèvement, alors qu'il s'agit d'une réalité positive et fonctionnelle, et, partant, d'une énigme singulière qui interroge nos habitudes intellectuelles et nos concepts.

L'Europe réinvente la frontière

Ainsi, la frontière de l'Union européenne est fonctionnellement mouvante en raison, d'une part, des élargissements et, d'autre part, des configurations à géométrie variable de ses politiques : les frontières de l'UE ne sont pas les mêmes pour le territoire de l'euro, le territoire de l'espace Schengen et le territoire du marché intérieur… C'est précisément cet ensemble et cette variabilité qui caractérisent le territoire de l'UE, et qui, de plus en plus, amène à en parler comme d'un pays. Ce pays est tissé par des liens d'interdépendance entre individus, groupes sociaux et communautés nationales qui, partageant un ensemble de valeurs, se considèrent sur un pied d'égale dignité et instituent ensemble des règles, une vie politique et des politiques communes dont la mise en œuvre produit leur territoire.

De fait, l'Union européenne comprend non seulement ses pays membres, mais plusieurs autres pays qui sont parties prenantes de cette interdépendance instituée d'égale dignité, comme la Suisse, la Norvège, l'Islande, les États candidats en voie d'adhésion des Balkans occidentaux et les États du « voisinage oriental ». La frontière du pays européen est logiquement une frontière d'un autre type, d'une autre configuration, que la frontière des États territoriaux classiques dont les États-nations sont devenus l'espèce exclusive dans la seconde moitié du XXe siècle.

Ce pays européen fait aussi évoluer de l'intérieur la forme et la nature de la frontière : les frontières entre États membres de l'UE au sens strict ou au sens élargi aux États parties prenantes n'ont pas disparu ; elles ont changé de sens et de fonction. Dématérialisées et ouvertes, elles sont devenues des interfaces et des liens et ne sont plus des frontières de séparation. Elles sont aussi devenues des indicateurs de diversité culturelle et anthropologique. En même temps que des règles et des politiques communes font territoire commun, il y a une diversité de législations nationales et d'us et coutumes, de pratiques, de part et d'autre de ces frontières dématérialisées.

L'Union est-elle un empire ?

Les pays qui composent l'Union européenne sont réputés être déjà là, de longue date et presque comme des essences – comme si les États procédaient logiquement de l'existence d'un espace portant le même nom que lui et avec lequel ils feraient corps et comme s'ils surplombaient les acteurs qui les constituent, agissent en leur nom et en héritent.

Contrairement aux craintes exprimées par les souverainistes, le territoire de l'Union européenne ne procède pas d'une table rase mais de la mobilisation de la très riche et plurielle culture territoriale produite par les Européens durant des siècles, dont le territoire national est l'une des figures, parmi d'autres. Cela joue d'autant plus que les façons de faire territoire national en Europe sont elles-mêmes plurielles et que les nationalismes les ont opposées les unes aux autres.

L'Union européenne, pour sa part, ne se drape pas dans ce type de représentation ni d'héritage : elle est un projet territorial neuf et concret. Celui-ci mobilise de multiples legs territoriaux et non le seul héritage de territoires nationaux sacralisés. La nation, tout en demeurant une référence importante, devient une spatialité parmi d'autres vécues par les Européens. Il s'agit en effet, pour une société transnationale qui se construit malgré les États et en dépit de leurs attributs géographiques – frontières qui séparent plutôt que frontières de contact ; illusion du monopole de la souveraineté territoriale et régalienne –, de créer un territoire postnationaliste.

Le dépassement du nationalisme après son discrédit de 1945 a rendu possible l'accès de tous les Européens à un vaste répertoire de cultures territoriales, rendant du même coup pensable, et donc aussi possible, la construction d'un territoire supranational qui met les territoires nationaux en réseau – ce qui, dans le paradigme nationaliste dominant des années 1870-1945, est un parfait oxymore.

Pour autant, cette territorialité de la construction européenne n'est pas une synthèse ou une juxtaposition : en mobilisant les héritages géohistoriques, elle développe ses structures et sa dynamique propre, elle invente elle-même et fonde aussi une tradition.

Ce territoire « communautaire » européen fédère et tisse, en les mutualisant pour partie, les territoires des États-nations membres de cette entité.

La critique de la brutalité des États-nations a ainsi débouché, dans un paradoxe apparent, sur une certaine idée d'empire mais dans un tout autre sens qu'à propos du colonialisme[1]. Deux références sont utilisées dans cette nouvelle perspective : l'Empire romain et l'Empire austro-hongrois, lui-même héritier du Saint-Empire romain germanique. Dans le premier cas, c'est la cohérence du droit romain comme contrepartie à des frontières toujours mobiles et la capacité à intégrer des populations hétérogènes en leur permettant de devenir des citoyens à égalité avec les Romains. De manière comparable, l'Empire des Habsbourg bénéficiait d'une stabilité politique et d'une dynamique d'innovation malgré la diversité des peuples qui le composaient. Dans une large mesure, de 1867 à 1918, l'Empire austro-hongrois a exploré, non sans succès, une voie alternative à celle des États-nations : celle d'un État multinational dans lequel ni la citoyenneté, ni l'intégration sociale n'étaient indexées sur l'allégeance à la nation.

Bien sûr, le terme « empire » est porteur d'ambiguïtés en raison des caractères dominateur, hiérarchique et antidémocratique de bien des empires ayant existé. Néanmoins, la question reste posée de la qualification de l'État européen actuel. En effet, il y a eu dans la géohistoire des Européens des empires moins impérialistes que « consociatifs », c'est-à-dire organisés en fédération et fondés sur une adhésion plus ou moins volontaire. Toutes choses égales par ailleurs, le Saint-Empire romain germanique ou l'empire d'Autriche-Hongrie furent davantage fédéraux qu'impérialistes. À notre époque contemporaine d'États nations démocratiques, il se trouve plusieurs pays caractérisés par un fédéralisme plurilingue : Belgique, Espagne, Suisse, Canada. Même quand, comme en Suisse ou au Canada, ce fédéralisme laisse la part belle aux entités fédérées et réduit le rôle du niveau fédéral, le pays peut fort bien avoir une politique extérieure dynamique tout en ne cherchant pas à dominer ses voisins ou l'ensemble du Monde. L'Europe doit bien, en tout cas, se poser la question, ne serait-ce que parce que, si elle se désintéressait du sujet, elle laisserait *ipso facto* aux autres acteurs tout loisir pour prendre cette place et lui imposer ses manières de voir. C'est l'un des messages de ce livre que de poser clairement le problème, les citoyens européens n'ayant pas d'autre solution que d'y répondre. Et, quelle que soit leur réponse, ils inventent un objet inédit. Ces dernières années, ils l'ont fait *de facto* et sans plan d'ensemble par une série de décisions pragmatiques pour faire face à des crises ou à des menaces. Il serait utile et bienvenu de le faire également par une réflexion stratégique et explicite, menée par une délibération dans la sphère publique.

Le territoire européen mutualise la souveraineté et les échelles

Concrètement, l'UE mutualise la souveraineté territoriale. La première des politiques publiques européenne depuis 1957 est précisément de créer du territoire : par la mobilité des biens, des capitaux, de la population active, et, enfin, des habitants, et par l'adoption de règles juridiques d'encadrement de la production, de la consommation et de la société dans des domaines circonscrits. Dans ces domaines, chaque pays régente son territoire en interaction avec les autres pays, et participe à la production des territoires nationaux des autres États membres.

La politique de développement des régions et des espaces en crise ou en retard relatif de développement, que financent depuis 1988 ce qui est appelé, dans la terminologie européenne, les *fonds structurels*, est significative de cette mutualisation territoriale. Les critères selon lesquels un territoire est ou non bénéficiaire de cette politique sont arrêtés au niveau de l'Union, c'est-à-dire par des représentants de la Commission européenne et de chaque État membre. C'est également le cas pour les objectifs et les types d'actions qui constituent cette politique ainsi que pour l'évaluation des projets financés, sachant toutefois que l'encadrement, la supervision et la transmission des fonds aux bénéficiaires sont effectués par les autorités politiques et administratives compétentes de l'État membre.

Cette *politique régionale* de l'Union européenne a pris une grande importance dans la construction de l'Europe. Cela tient tout d'abord à sa dimension financière. La politique régionale est très attractive et plébiscitée par les États comme par les collectivités infranationales par son apport en crédits d'investissement. Pour les collectivités, puisque le cofinancement est obligatoire, l'intérêt des fonds structurels est de venir abonder leurs propres investissements. Par exemple, cette politique a financé l'accès de tous les foyers de l'ancienne région Auvergne au réseau à haut débit.

Ces politiques régionales sont « zonées ». Seules certaines régions sont éligibles à ces financements. Il s'agit de régions considérées, selon des critères statistiques, comme étant en situation de retard structurel à compenser. La politique régionale est donc d'abord une politique de réduction des écarts de développement et d'attractivité au sein de l'espace européen. Ce faisant, cette politique favorise le niveau régional comme territoire pertinent. En cela, elle concourt à la production d'une territorialité qui ne se réduit plus à l'échelle unique du territoire national mais qui, au contraire, favorise une souveraineté qui fait prospérer différents échelons en même temps. Dans les pays anciennement communistes, les administrations centrales étaient imprégnées de logiques verticales. La politique régionale les confronte, non pas tant à l'option d'une régionalisation ou d'une décentralisation, mais à une pratique, pour elles nouvelles, plus globale et moins sectorielle et, surtout, plus partenariale, du développement et de l'aménagement des territoires.

La politique régionale de l'UE représente depuis la seconde moitié des années 1980 plus du tiers du budget communautaire – une proportion presque équivalente à celle de la Politique agricole commune (PAC), dont le montant monopolisait 80 % du budget communautaire dans les années 1960. Dans les États membres de culture et d'institutions fédérales, cela pourrait sonner comme une évidence. Mais il faut rappeler que ces pays étaient minoritaires dans l'Europe des douze : Allemagne de l'Ouest ; Belgique, depuis peu ; Espagne, en cours de construction. Le fait que l'ensemble des États membres de la Communauté économique européenne puis de l'UE adoptèrent la politique régionale comme un instrument pertinent signale un changement de statut de l'État national. C'est le signe que la vision de la souveraineté et de la nation a changé : le nationalisme a laissé place à un autre paradigme de la territorialité. Dans ce paradigme, les entités territoriales infranationales ont toutes leur place, et les pays centralisés, au départ les plus nombreux au sein de l'UE, se sont progressivement acculturés, renouant avec des patrimoines territoriaux délaissés. Ainsi, en France, à la suite d'une longue bataille menée par les collectivités régionales au sein de l'Association des régions de France (ARF), depuis 2014 les conseils régionaux sont devenus, à la place des préfectures de régions, les autorités de gestion du Feder (Fonds européen de développement régional, le principal fonds structurel).

Cette politique régionale est aussi le témoin fort que l'UE, avec son principe de « concurrence libre et non faussée », n'est ni une jungle ni un poulailler. Au contraire, elle est, comme l'explique Nicolas Jabko[2], un marché institué ainsi que le fruit souvent inédit de négociations et de déclinaisons très variées de mêmes politiques publiques à l'échelle européenne. Les Britanniques ont suffisamment dénoncé le caractère trop normatif du Marché unique et l'attitude trop intrusive de la Commission européenne pour qu'on puisse feindre de comprendre que libéralisation ou dérégulation veulent dire, dans l'UE, absence de régulation. Il s'agit de mettre fin aux privilèges nationaux, aux monopoles et aux oligopoles, et de créer, avec de très nombreuses règles, un marché de production et de consommation à la taille du territoire européen. Dans ce mouvement, la politique régionale obéit elle aussi à des règles cohérentes – de gestion, de dépenses des fonds publics, de cofinancement, d'évaluation des politiques publiques – tout en reconnaissant une grande marge de manœuvre aux différents acteurs et aux différents échelons. Comme elle ne finance que de l'investissement et non du fonctionnement, son effet de levier est considérable. Comme elle ne peut abonder plus de 50 % du montant des projets retenus, elle n'est ni de la subvention, ni de l'assistance, tout en étant une politique authentiquement redistributive contribuant à un rééquilibrage spatial entre les différentes régions de l'Union.

Mais ce champ d'intervention est loin d'être isolé. En effet, avec la construction européenne, dans plusieurs secteurs, les politiques publiques se décident en commun au niveau de l'Europe. Quand l'État exerce ses prérogatives d'organisation du territoire et des sociétés qui l'habitent, il ne le fait plus seul, par exclusion des autres autorités étatiques des territoires voisins. Il le fait dans une déclinaison d'un plan et d'une conception d'ensemble qui ont été dessinés à plusieurs, en commun avec d'autres États et une administration supranationale, la Commission. Les États ont explicitement confié à cette dernière le mandat de les pousser à exercer dans les faits ce travail de souveraineté en commun tel qu'ils l'ont consigné dans les traités de la construction européenne.

En somme, l'État national n'est plus le seul acteur du quadrillage du territoire de sa communauté nationale. Il n'est plus le seul opérateur de souveraineté sur le territoire national. Il en est le coproducteur. Chacun des territoires nationaux devient ainsi mutualisé à l'échelle de l'UE dans les secteurs qui sont européanisés par des politiques publiques supranationales. La source des décisions publiques qui s'appliquent sur le territoire national peut être communautaire, au sens où elles sont coproduites par les États membres, la Commission et le Parlement européen, et jugées si nécessaire par la Cour de justice de l'Union européenne, une juridiction supranationale installée conjointement par les États membres dont les décisions s'imposent sur les territoires nationaux. La PAC (depuis 1962), la monnaie unique (depuis 1999) et l'espace Schengen (depuis 1985) sont les trois secteurs les plus emblématiques de la mutualisation de la souveraineté territoriale. Par exemple, le visa Schengen revient à confier à l'un des États membres l'autorisation d'entrée aux ressortissants étrangers sur chaque territoire national composant l'espace Schengen et permet la libre circulation des citoyens de l'Union européenne, dont l'identité n'est plus contrôlée lors des passages de frontières entre États membres.

Un « nous » européen

Les conséquences de ce changement de paradigme sur la territorialité des Européens sont immenses.

Premièrement, la construction européenne invente une éta-ticité multiterritoriale. Il s'agit d'une forme de pouvoir sur le territoire qui n'est plus contenue dans le pouvoir d'État, mais dans la capacité politique des acteurs, y compris les acteurs étatiques, à se mettre en réseau. Une forme de pouvoir qui s'éloignerait de Hobbes sans pour autant opposer, comme chez Locke, la liberté de la société civile au pouvoir contraignant de l'État. En effet, la territorialité de l'UE est produite par les acteurs sociaux, en tant qu'ils sont mobilisés et canalisés par les institutions européennes dans leur capacité à concevoir et mettre en œuvre les politiques publiques communes.

Deuxièmement, le plus singulier dans ce processus est que cette mutualisation territoriale n'est pas contrainte mais volontaire – d'où le terme de mutualisation. C'est pourquoi elle prend la forme d'une extension territoriale continue. En conséquence, on peut donc, avec Pierre Hassner, dire que l'UE est un empire sans centre ni impérialisme. Cette extension territoriale continue peut être qualifiée d'« auto-empire » (et non d'impérialiste). Le Brexit lui-même, comme retrait volontaire et accepté, témoigne de ce caractère et de son corollaire, l'absence de pôle de domination à partir duquel se propageraient l'extension et la construction territoriales.

Troisièmement, cette mutualisation favorise une continuité spatiale entre États indépendants dès lors qu'ils sont membres de l'UE ou associés à l'UE. L'UE est comme une superstructure politique qui permet de diluer les face-à-face bilatéraux dans des processus de délibération et de décision collectifs. Ni impérialiste (comme la Russie), ni uniformisante (comme la Chine), l'UE serait plutôt un *anti-empire*.

En effet, le territoire de l'UE est fabriqué par la mise en réseau des acteurs des États-nations qui sont membres de l'UE. Elle n'est pas produite par une administration qui encadrerait (contrôlerait, voire dominerait) ce territoire et sa société. L'UE ne nomme, n'envoie ni n'appointe d'administrateur, de fonctionnaire, sur son territoire[3]. À l'exception, somme toute marginale, des agences dédiées à des politiques précises et à ses représentations dans chaque État membre, c'est la mise en réseau des fonctionnaires nationaux et des acteurs de la société civile, à différents échelons, qui produit le territoire de l'UE. De façon significative, la Commission et le Parlement européen ont sur le territoire de l'UE des représentations, pas des préfectures.

L'UE peut aussi être qualifiée d'*anti-empire* d'un point de vue géopolitique : le territoire de l'UE ne se construit pas par la conquête ou la contrainte, mais, comme évoqué, par l'adhésion volontaire et librement consentie. On peut qualifier la territorialité de l'UE comme relevant d'un « cosmopolitisme » kantien. En effet, les conditions théoriques d'un territoire humain structuré par une paix définitive entre des États démocratiques, conditions posées par le philosophe Emmanuel Kant en 1795 dans son opuscule *Projet de paix perpétuelle*, permettent de rendre compte de la fabrication du territoire de l'UE.

L'adhésion d'un pays à la CEE puis à l'UE repose en effet sur l'acceptation de la mutualisation d'éléments de sa souveraineté, sur le fait d'accepter librement d'aliéner une partie de sa liberté pour bénéficier des avantages du collectif et, surtout, sur le fait d'accepter d'être coresponsable du projet commun.

Le renoncement à une partie de la souveraineté est donc, dans les faits, une mutualisation de la souveraineté territoriale qui permet d'accéder à une responsabilité supérieure : une responsabilité collective sur un espace englobant commun. Ce principe engage tout État membre de l'Union européenne. Aussi est-il dans la logique de l'UE de s'élargir. Car chaque adhésion est un État gagné à la démocratie, à l'État de droit, à l'interdépendance dans l'autonomie et, donc, un État gagné à l'extension de cette aire de paix et de sécurité qu'est l'Union européenne.

Le territoire national est bien entendu très loin d'avoir disparu, matériellement, politiquement et dans les imaginaires, et rien n'indique qu'une telle disparition doive se produire. Mais il s'est désacralisé. Il n'est plus le seul territoire pertinent. Il devient un échelon de territoire pertinent parmi d'autres territoires pertinents.

Le territoire européen est donc un anti-empire postnationaliste qui se construit par mutualisation des territoires nationaux. En conséquence, un nouveau *nous* européen a émergé.

La xénophobie des partis illibéraux au pouvoir en Hongrie, en Pologne, en Autriche et en Italie se porte sur les Non-Européens en général, et les personnes originaires du monde arabo-musulman en particulier ; la sortie de l'UE ne figure plus dans leur programme. Paradoxalement, européen devient un *particulier* pour certains – les nationalistes d'aujourd'hui deviennent européens – alors que, pour les autres, il est de plus en plus un *singulier cosmopolite*, porteur, sinon d'universalité, en tout cas de mondialité. Il y a aujourd'hui deux conceptions du pays et du territoire européens qui se font face et se confrontent.

CHAPITRE 7

L'Europe contre le communautarisme géographique

Les États-nations ont un bilan de massacre et de souffrance pire que les empires. Ce sont de petits empires radicaux qui ont eu les moyens de la purification ethnique, linguistique ou religieuse. Ils ont été le tombeau des cultures qui, d'une manière ou d'une autre, défiaient leur hégémonie. Cette échelle unique imposée au forceps est devenue un obstacle au développement à partir du moment où les hommes, la culture, les entreprises, les produits, les marchés avaient, eux, franchi les frontières. Il n'est pas scandaleux, pourtant, de reconnaître aux États le mérite d'avoir contribué, au moins pour une part, à l'établissement de l'État de droit, de la démocratie et d'un système de sécurité sociale.

Il ne s'agit pas de reprocher aux États-nations leur histoire tourmentée mais d'en prendre acte, d'en tirer, si possible, les leçons. Or aujourd'hui on n'a pas besoin de passer par le lit de Procuste de l'étatisme ou du souverainisme pour valoriser la liberté, l'égalité et la solidarité. Bien au contraire, quand ils sont livrés à eux-mêmes, sans contre-pouvoir, les États malmènent la république et la démocratie et ne défendent que des identités violentes et nostalgiques contre tous les autres échelons, du local au mondial. L'Europe offre une méthode simple pour prendre le meilleur de l'histoire et aller de l'avant : se fonder sur des principes qui sont aussi des valeurs.

Vivre l'Europe, un vaccin contre le syndrome de l'échelle unique

Les nationalismes exècrent le projet européen. Celui-ci respecte les nations.

Que les Toulousains s'occupent de Toulouse, les Occitans de l'Occitanie, les Français de la France, les Européens de l'Europe et les humains du Monde et tout ira bien. Ce sont bien sûr en partie les mêmes : les Toulousains sont aussi des *ressortissants* de l'Occitanie, de la France, de l'Europe et du Monde. Seuls les obsédés de l'échelle unique voient là un problème. Tous les autres savent, ne serait-ce qu'en interrogeant leur propre imaginaire, que nos identités sont multiples, qu'elles n'entrent pas dans un jeu à somme nulle (ce qui serait donné à l'une serait pris à l'autre) mais positive. Au-delà des emboîtements du petit dans le grand, les Européens se reconnaissent aussi, horizontalement, dans des lieux où ils ont vécu des moments forts de leur vie, dans d'autres où ils projettent leurs désirs.

Dans la vie politique allemande, il est courant d'articuler trois notions à trois territoires : *Heimat* (foyer, lieu de vie, terre natale – la région), *Vaterland* (patrie – la nation), *Zukunft* (futur – l'Europe). *Heimat* suppose l'homogénéité biologique et culturelle, elle est pacifique mais peu accueillante. Les patries rendent possible l'inimitié avec d'autres patries. L'Europe n'est pas seulement une composante du futur, c'est le pays des Européens et, à ce titre, indissociablement un espace de leur mémoire et une géographie de leur avenir.

L'Europe, pays des alteridentités

Les Européens n'ont donc aucune raison de se dire, en s'occupant de l'Europe, que ce serait au détriment d'autres affiliations. Les antieuropéens ne cessent de répéter que l'Europe ne serait pas un « territoire ». Les « élites » qui se trouveraient naturellement « européistes » en raison du mépris dans lequel elles tiennent toute attache nationale seraient des « cosmopolites » « déracinés » : le peuple de l'*anywhere*, un agrégat *sans feu ni lieu* glissant sur les réseaux. L'insulte proférée par le populiste David Goodhart[1] ajoute sa contribution personnelle à celles, bien établies, chacune dans son style, d'un Heidegger ou d'un Pétain.

Pourtant, en quoi accepter ou même souhaiter un changement de son lieu d'habitat principal serait-il le signe qu'on n'attache d'importance ni au point de départ, ni au point d'arrivée ? Si les lieux n'avaient pas de valeur spécifique, on n'aurait aucune raison de s'y rendre et on ne bougerait pas. Se déplacer demande toujours une accommodation, donc un effort, et c'est parce qu'on fait le pari d'habiter intensément un nouvel espace qu'on parvient à justifier à ses propres yeux cette mise en mouvement fatigante… ce que font toutes les espèces de migrants, riches ou pauvres, éphémères ou permanents, caboteurs ou hauturiers.

La dépendance à un lieu unique est un problème, non une solution. Elle n'est pas nouvelle mais elle a changé d'échelle et elle est devenue un frein plus brutal au développement. Logiquement, le monde paysan a valorisé comme un fondement majeur le terroir, celui où l'on vivait presque toute son existence et où on capitalisait, peu ou beaucoup, les valeurs héritées des générations précédentes ou accumulées pour les suivantes. Dans les grandes phases d'urbanisation, surtout aux XIXe et XXe siècles, l'échelle des migrations était celle de la région avec sa grande ville pleine d'opportunités et de menaces, puis l'échelle nationale avec un État désormais capable de faire circuler les fonctionnaires ou de créer de vastes complexes productifs qui aspiraient leur main-d'œuvre à des centaines de kilomètres à la ronde. Grâce à ses machineries homogénéisantes (l'école, les médias, les modèles de vie, les systèmes de mobilité), l'État national a été apprivoisé mais ce n'est pas pour autant un « circuit court ». Quant à l'Europe et au Monde, ils jouent le même rôle désormais qu'autrefois la capitale de la province : ils attirent mais on les craint car ils nous forcent à bouger et à changer – pourquoi me forcerait-on à transformer ma vie alors que celle que j'ai me convient ?

La réponse ne va pas de soi et, *a priori*, le changement en tant que « nouveauté » n'a pas de supériorité sur la permanence, qui est aussi stabilité. Pourquoi en effet, sinon parce que cette conservation coûterait cher à tout le monde en productivité, créativité, capacité à apprendre tout au long de sa vie, invention de soi, projection de la société vers un futur désirable ?

Lorsque nous parlons d'*ailleurs*, c'est-à-dire des lieux autres que ceux qui nous sont les plus familiers, nous évoquons aussi, à travers eux, les autres manifestations de l'altérité : d'abord quand l'ailleurs vient à nous par les humains, par les objets, par les idées. Également quand un événement, une décision ou un changement intime nous pousse en dehors de nous-mêmes vers un autre métier, d'autres relations, d'autres manières d'être. Ces différentes occasions d'être dérangés par ce qui n'est pas *nous* se ressemblent et se connectent. Le refus de l'exposition à l'altérité se manifeste aussi par la phobie de l'espace public : la dépendance vis-à-vis de l'automobile et le choix de l'habitat périurbain, qui sont fortement corrélés au vote populiste et ont été des marqueurs majeurs du mouvement des Gilets jaunes en France, expriment aussi le projet de privatiser au maximum les géographies du quotidien et il s'agit bien là d'un acte politique, d'un choix de société, certainement en partie contraint par des limitations financières, mais on ne peut l'y réduire : entre être locataire en ville et utiliser les transports publics et être propriétaire d'une maison dans le périurbain, il existe une certaine neutralité économique car, dans un cas, ce qu'on perd en prix du foncier on le regagne en coût de mobilité, et inversement dans l'autre cas. Les choix d'habiter qui sont politiques et qui se connectent aux choix européens sont pour une part au moins le résultat d'arbitrages et d'aspirations explicites. On voit donc, sur les cartes électorales[2], les prises de position les plus massivement antieuropéennes dans les espaces périurbains en France, en Suisse, en Autriche et au Royaume-Uni.

Ainsi, en parlant d'espace, on parle de toutes les altérités dont, volontairement ou non, nous sommes faits.

En pratique, si on suppose un *ici* national et un *ailleurs* européen, on note que l'Europe finance la production par l'investissement, à travers la construction d'infrastructures, le soutien aux projets, l'aide à l'enseignement et à la recherche, tandis que les États financent la redistribution, avec ces énormes masses financières alimentant l'assurance-maladie, l'assurance-chômage, la retraite et les minima sociaux. Cette redistribution est bien sûr nécessaire pour diminuer le risque en le mutualisant et pour protéger les personnes les plus démunies. C'est particulièrement vrai pour les catégories modestes, qui craignent de perdre ce filet de sécurité s'il fallait négocier un nouveau contrat social. L'État providence a recréé une part de la stabilité perdue par la révolution industrielle mais, ce faisant, il a aussi créé les bases de nouveaux conservatismes personnels. Ne défendre que la perpétuation des « acquis » en refusant toute réallocation de l'argent public signifie en pratique un refus de tout déséquilibre dynamique, de toute évolution qui prépare un équilibre à venir – censé être meilleur – grâce aux choix d'aujourd'hui. Ce n'est donc pas un hasard si le parti de la conservation est nationaliste et le parti du changement, proeuropéen. L'Europe est le pays où les identités, fortes et multiples, se nourrissent des altérités tout aussi multiples, le pays des *alteridentités*.

Le peuple de quelque part

En revanche, la phobie de l'ailleurs empêche la comparaison, affaiblit l'esprit critique, appauvrit les imaginaires et, comme toute accoutumance, elle engendre mécaniquement des postures défensives qui, tournant en rond sans être dérangées par le monde extérieur, dérivent aisément vers le complotisme et la paranoïa vis-à-vis d'abstractions monstrueuses comme les « élites », les « bobos », les « super-riches », « Paris » ou « Bruxelles ». La discrimination entre un *ici* intangible et un *ailleurs* honni n'apporte aucune richesse supplémentaire, pas même celle d'un plus grand engagement dans le développement local – qui suppose une ouverture aux idées extérieures – ou d'une plus grande solidarité avec ses voisins – qui viennent parfois de loin. Ceux qui, à tort ou à raison, se perçoivent comme fragiles au point qu'ils craignent de prendre le risque de la diversité du Monde en l'explorant ou en l'accueillant sont des victimes. Ceux qui, par glissements successifs, basculent de la description d'un malaise à la promotion d'une philosophie politique de haine contre ceux qui ont le tort à leurs yeux de prendre l'ailleurs et l'altérité pour une « énigme bienveillante[3] » sont des gens dangereux.

Comme tout un chacun aujourd'hui mais en étant peut-être un peu plus conscients que les autres car ils en ont encore plus besoin, les Européens sont des *people from somewheres* – des êtres polytopiques, habitant plusieurs espaces, même quand ils ne voyagent pas. Ils ont dans leur besace biographique et politique plusieurs lieux forts qu'ils n'ont guère de raison ni dans leur vie intime, ni dans leur vie pratique, de hiérarchiser. Personne ne demande aux Européens d'être seulement européens. Ce serait aussi mutilant que d'être seulement madrilène, castillan ou espagnol. Et de fait : l'attachement à l'Europe ne produit pas ce genre de dérive. On le sait, en Europe, il n'y a pas de « continentalistes » comme il y a des nationalistes. « *Europa erwache !* » [« Europe réveille-toi ! »] a été, pour les nazis, le cache-sexe transparent du pire des nationalismes. L'Europe, pour eux, c'était le territoire rêvé d'un empire qui aurait asservi les Non-Allemands.

Ceux qui exigent des Européens une allégeance nationale promeuvent le communautarisme géographique d'une affiliation exclusive. À eux de faire la preuve que cette idéologie, qui a tant massacré et meurtri, serait devenue bénigne. Une telle démonstration ne va pas de soi.

La fédéralité comme composante territoriale de l'égalité

L'une des réponses institutionnelles à la multi-appartenance est le fédéralisme.

Le fédéralisme classique a été inventé dans l'Europe médiane, là où les royaumes et les empires s'équilibraient sans se confondre. Il y avait le Saint-Empire romain germanique, héritier de l'Empire romain et de l'empire de Charlemagne, mais il y avait aussi de nombreuses souverainetés – royaumes, principautés, duchés, comtés, évêchés, villes d'empire, villes franches et villes libres… – qui n'étaient pas de simples vassaux et n'étaient pas destinées à l'être. Tandis qu'à l'ouest (Angleterre, France, Espagne, Portugal) des monarchies de plus en plus absolues réduisaient à peu de chose l'héritage féodal, au milieu de l'Europe, l'idée s'imposait – ce fut clair après la guerre de Trente Ans en 1648 – qu'il fallait compter avec cette multiplicité de souverainetés sans chercher à les soumettre ou à les supprimer, mais en visant une cohabitation mutuellement profitable. Les traités de Westphalie de 1648 marquent l'avènement des États comme sujets exclusifs autoproclamés des relations entre les sociétés européennes. Mais ils ont dû être ratifiés par les cent cinquante États inclus dans le Saint-Empire, qui signaient à égalité avec l'empereur.

Le fédéralisme a été réinventé aux États-Unis puis sur la plus grande part du continent américain avec le même projet de trouver un équilibre entre trois niveaux : local, fédéral et un échelon intermédiaire, celui des États fédérés, qui disposent d'une large gamme de compétences législatives et gouvernementales. Le fédéralisme est bien établi en Europe, notamment dans la Mitteleuropa où il est né. Il émerge aussi dans des dynamiques discontinues mais puissantes en Espagne, en Italie, au Royaume-Uni et en France.

Les systèmes fédéraux se fondent sur l'égalité de principe entre des entités incluses les unes dans les autres. Toutes disposent des pouvoirs institutionnels fondamentaux des républiques, notamment le législatif et l'exécutif. Toutes sont démocratiques. La plus englobante respecte la plus englobée. Entre les échelons, les relations sont contractuelles, régulées par une Cour suprême qui assure la compatibilité des choix politiques avec les valeurs fondatrices communes et arbitre les conflits entre entités.

Au-delà des emboîtements stricts du fédéralisme classique, on peut définir un champ plus vaste, celui de la *fédéralité* :

• *Horizontale* : c'est le cas des agglomérations transfrontalières, par exemple autour de Lille, Genève, Strasbourg, Bâle, Sarrebruck ou Roussé (Bulgarie/Roumanie). Les coopérations existent déjà mais sont ralenties par la difficulté à créer une nouvelle entité à la fois opérationnelle et démocratique.

• *Oblique* : la libre contractualité entre entités peut s'appliquer à des territoires non emboîtés les uns dans les autres, relevant éventuellement d'échelles différentes, sur des thématiques spécifiques. Par exemple, la communauté d'agglomération Pays basque (France, niveau local) pourrait définir des politiques de diffusion de la langue basque avec la communauté autonome basque (Espagne, niveau régional). Les agglomérations des anciens bassins miniers du Nord-Pas-de-Calais (ensemble d'espaces locaux), de Wallonie (région), de la Ruhr (ensemble d'espaces locaux), de Silésie tchèque et polonaise (régions) pourraient créer des entités communes pour gérer leurs problèmes de reconversion. Les métropoles pourraient constituer des réseaux de transports et de communication intégrés pour faciliter les échanges entre elles comme si elles constituaient une seule agglomération.

• *Différenciée* : il n'est pas nécessaire d'imposer un modèle uniforme. On peut tenir compte par exemple des espaces à identités linguistiques ou identités historiques indépendantes. On peut tenir compte de la nature des territoires, plus ou moins urbanisés, comme c'est le cas en Angleterre, en Italie et en France, où désormais il existe six types de gouvernements locaux différents.

• *Réversible* : le point faible du fédéralisme classique est la difficulté à faire bouger les frontières, même si la réalité a changé. On pourrait imaginer des processus concertés qui permettent de proposer des modifications de frontières entre villes, régions ou même, dans certains cas, pays, le dernier mot revenant aux électeurs concernés.

CHAPITRE 8

L'Europe avance, malgré ses États

Le 21 mars 2018, la Commission européenne a proposé une taxe sur les services numériques s'appliquant aux firmes géantes (GAFA) qui échappent très largement jusqu'à présent à l'impôt. Devant le refus de certains États membres, cette proposition, qui ne pouvait être décidée qu'à l'unanimité, n'a pas pu voir le jour. On mesure bien par cet exemple en quoi le droit de veto laissé aux États entrave l'émergence d'un intérêt général européen. Pour comprendre cette aberration, il faut revenir aux origines de la construction européenne. Dans une mer semée d'écueils par la résistance des États qui, malgré le désastre de la Seconde Guerre mondiale, rechignaient à changer de culture, le gouvernement de l'Europe a réussi à atteindre des résultats remarquables.

Les États n'ont pas encore changé de culture

L'émergence de l'acteur européen ne remet pas à proprement parler les compteurs à zéro car les anciennes puissances coloniales – France, Belgique, Pays-Bas, Portugal, Espagne, Royaume-Uni… – peinent à passer à autre chose. C'est particulièrement vrai pour la France : ce qui reste de la Françafrique et, en général, de l'arrogance impériale de l'État français dans le rapport avec les autres acteurs dessert clairement la dynamique européenne. Lorsque, dans les débats au sein de l'Union européenne, des dirigeants français affectent de discuter d'abord avec les « grands pays » et laissent entendre que les autres n'auront qu'à suivre ce qui aura été décidé pour eux, ce sont les mauvaises habitudes qui transparaissent[1].

Les débuts de la construction européenne ont été marqués par la prééminence de la France, qui avait réussi à se faire passer pour un vainqueur de la Seconde Guerre mondiale et qui, face à une Allemagne qui se devait d'être discrète, une Italie encore faible et un Royaume-Uni absent, pouvait se croire en position de dicter ses points de vue à ses partenaires.

Pourtant, c'est bien au Benelux que l'on doit la relance de Messine (1955) qui déboucha sur le traité de Rome (1957) créant la Communauté économique européenne. Dans l'intervalle, Britanniques et Français avaient été remis à leur nouvelle place de puissances moyennes par la crise de Suez (1956) dont ils étaient sortis affaiblis. Les dirigeants français n'étaient plus en position de contester la démarche promue par ses cinq partenaires et ceux du Royaume-Uni n'allaient plus tarder à songer sérieusement à adhérer à cette « petite Europe » qu'ils dédaignaient pourtant si ostensiblement.

Les gesticulations souverainistes de Charles de Gaulle, lorsque, par exemple, il stigmatisait « l'aréopage technocratique et apatride » ou qu'il créait la crise de la « chaise vide », maintinrent encore quelques années cette posture impériale française. Cette crise de six mois se dénoua par le « compromis de Luxembourg » (janvier 1966). Elle retarda de quinze années l'entrée en usage de la prise des décisions à la majorité qualifiée pourtant prévue par le traité de Rome et alors souhaitée par tous.

Un demi-siècle plus tard, la réticence, voire l'obstruction, d'Angela Merkel à laisser la BCE résoudre la crise des dettes souveraines et du crédit montre que l'Europe n'a pas éliminé complètement ce genre d'attitude. Mais la construction européenne en constitue un puissant antidote. Elle permet d'aborder le monde avec une posture éthique enfin soutenable.

Cela n'excuse pas les horreurs commises par des Européens, notamment au XXe siècle, mais il ne s'agissait pas alors de l'Europe en tant que telle, ni comme entité politique ni comme société. Ce que fait l'Union européenne, c'est annuler en son sein les velléités de revenir aux anciennes pratiques impérialistes. Ainsi, la relative égalité des États dans la prise de décision et l'existence d'entités, comme la Commission et le Parlement, où les conflits éventuels portent au moins autant sur des choix politiques que sur les demandes particulières d'un État changent progressivement l'ambiance. Cela peut se traduire par l'inaction. Ainsi, face au projet d'une défense européenne, deux types d'oppositions se sont annulées : ceux qui comme la France et le Royaume-Uni ne voulaient pas participer à une mutualisation de leurs forces dans une armée européenne pour se garder la possibilité d'actions unilatérales ; ceux qui, comme le Benelux, le Portugal ou le Danemark, par crainte d'un poids trop important des anciennes grandes puissances européennes, préfèrent s'abriter derrière un bouclier plus puissant mais extérieur, celui des États-Unis. Une troisième position est apparue depuis l'élargissement de 2004 : les États qui se sentent particulièrement menacés par la Russie, comme les pays Baltes, la Pologne ou la Roumanie, se sont aperçus qu'il existait en Europe de l'Ouest des courants significatifs en faveur d'une neutralité parfois bienveillante vis-à-vis des projets de reconquête russe dans les territoires perdus de l'ancienne Union soviétique, conduisant à un manque de soutien aux pays les plus exposés comme la Géorgie ou l'Ukraine ou même, à l'intérieur de l'Union, l'Estonie. À l'est de l'UE, cette ambivalence a réveillé les souvenirs de la Seconde Guerre mondiale et de la guerre froide : si ça les arrange, les Européens de l'Ouest sont tout à fait capables d'oublier leurs alliances et de laisser faire un État russe considéré même par certains Français, Allemands, Hongrois ou Italiens – et, dans ces deux derniers cas, par les gouvernements en place – comme un contrepoids utile à l'influence américaine.

Ainsi, dans l'ensemble, c'est la dynamique européenne et seulement elle qui interdit toute reprise des impérialismes nationaux par un impérialisme européen. Un tel impérialisme est tout simplement impossible car il ne disposerait d'aucun appui dans l'opinion européenne : les nostalgiques des comportements impérialistes sont des nationalistes antieuropéens ; les proeuropéens sont des démocrates fédéralistes totalement étrangers à l'idée de hiérarchie entre pays ou régions. En se substituant aux politiques guerrières et non coopératives entre pays européens et en s'interdisant toute aventure militaire supranationale à l'extérieur, la construction européenne permet à ce qui reste de l'idée de domination d'un territoire par un autre de s'effacer en douceur.

Cependant, nous nous trouvons encore dans une phase intermédiaire qui maintient des cultures nationales réfractaires à la mutualisation des enjeux. Il y a eu une « Europe française », en partie effective, en partie rêvée à l'époque gaullienne. Il y a aussi eu une « Europe britannique » lorsque les Premiers ministres parvenaient à faire croire que l'Union européenne n'était qu'une zone de libre-échange agrémentée d'une tontine permettant à chaque État de récupérer sa mise à tout moment.

Le « couple franco-allemand » a certainement une dimension symbolique simple qui montre la fin de la longue séquence de guerre entre voisins qui a marqué la période 1870-1945. La « réconciliation franco-allemande » du traité de l'Élysée (1963) à celui d'Aix-la-Chapelle (2019) est comprise par tous comme un puissant message qui dément les prétendus « déterminismes » géopolitiques : on peut avoir été longtemps ennemis et devenir amis pour plus longtemps encore. Toutefois, l'insistance sur le « couple » correspond, surtout en France, au fantasme d'un duumvirat d'États qui dicterait les politiques publiques au reste des citoyens européens. On peut aussi la lire comme un filet de sécurité contre la peur d'une Allemagne sûre d'elle et conquérante (la France, bien sûr, a le droit de l'être, sans restriction !) brandie par les souverainistes français chaque fois que l'Allemagne prend des positions saillantes sur l'Europe ou même simplement lorsque des Allemands occupent des positions de pouvoir dans l'Union européenne[2]. Le compagnonnage privilégié avec la France peut même convenir à ceux qui, en Allemagne, craignent que les mauvaises pulsions qu'ils attribuent à leur propre pays ne soient pas totalement éteintes[3]. Plus généralement, on peut dire que, puisque l'on parle d'un couple, il ne s'agit que de coopération interétatique et non de supranationalité et c'est une manière de faire l'Europe sans froisser ceux qui n'en veulent pas.

Cependant, l'idée repose de plus en plus sur un fantasme car, d'une part, les projets franco-allemands doivent convaincre les autres gouvernements pour qu'ils soient adoptés et, d'autre part, la légitimité d'une proposition dépend aussi de la Commission, du Parlement et de l'ensemble des citoyens européens, où qu'ils se trouvent. Il existe aussi des institutions, comme la Banque centrale européenne ou la Cour de justice de l'Union européenne, qui sont réfractaires à toute pression d'un État ou d'un autre.

C'est en pratique le consensus qui règne dans la prise de décision mais de nombreux gouvernements présentent les « diktats de Bruxelles » comme étant émis sans leur accord pour pouvoir renforcer leur capital politique national en rassemblant les antieuropéens.

Petit budget, grands effets

Cela ne fait pas de doute, l'Union européenne ne dispose que d'une marge de manœuvre politique limitée et ne gère par ailleurs qu'un petit budget de 1 % de son PIB (en France, la dépense publique dépasse les 55 % du PIB). Elle a dû inventer des dispositifs et des modes d'action qui maximisent les effets de ses modestes ressources financières.

Ainsi, elle joue beaucoup plus sur la norme (*soft law*) que sur la loi (*hard law*) et ce, de trois manières complémentaires, par sa cohérence, par sa capacité de mise en œuvre et par sa masse. Lorsque l'Europe, à la suite d'un long conflit judiciaire (2004-2008), exige de Microsoft qu'il dissocie commercialement le bouquet (*bundle*) constitué de Windows (système d'exploitation) et de Windows Media Player (lecteur multimédia), elle assortit sa demande d'amendes totalisant 1,7 milliard d'euros. La possibilité d'imposer ces sanctions n'est pas sans lien avec le poids économique de l'UE : une norme portée par 500 millions d'habitants, bons producteurs et bons consommateurs, tend à devenir une loi mondiale. Depuis la CECA (1951) qui a brisé les cartels de l'avant-guerre, l'UE développe, avec des ressources financières limitées, un système qui valorise à la fois la concurrence économique – c'est-à-dire la lutte contre les oligopoles et les rentes de situation, ou, pour le dire autrement, l'organisation du pluralisme dans le domaine de l'économie –, la solidarité et le développement.

Le dispositif Erasmus, complété par Erasmus Mundus, qui permet l'échange massif d'étudiants et d'enseignants (respectivement plus de 300 000 et de 40 000 par an), la construction d'infrastructures de mobilité d'échelle continentale, la contribution majeure à la mise à niveau des anciennes périphéries (fonds de cohésion) sont de bons exemples de cette efficacité. Depuis 2013, l'UE a lancé un programme d'un milliard d'euros pour des projets « visionnaires », à la fois risqués et prometteurs (*FET Flaghsips*, « Initiatives phares pour les technologies futures et émergentes »), cofinancés à 50 % par l'UE. Deux projets ont été retenus. Ce type d'action serait irréalisable à l'échelle nationale.

Dans l'ensemble, l'UE présente les caractéristiques du *lean government* [État allégé] : des frais de fonctionnement limités, une administration légère, concentrée sur des investissements substantiels eux-mêmes centrés sur les domaines innovants, des soutiens financiers à des projets plutôt qu'à des institutions, une pratique systématique du cofinancement avec d'autres acteurs, une exigence d'évaluation – tout le contraire, en somme, de ce que font les États englués dans l'accumulation toujours plus lourde de financements irréversibles à une multitude de lobbies et de corporatismes dont les États eux-mêmes, avec leurs millions de fonctionnaires, constituent une composante considérable.

Un nouvel élan

Les orientations budgétaires proposées au printemps 2018 par la Commission pour 2021-2027 marquent une inflexion qui mérite attention. Elles renforcent de manière substantielle l'action européenne dans des domaines où celle-ci a fait ses preuves et où le niveau continental est, de l'avis général, pertinent : éducation, recherche, transition et indépendance énergétiques, mobilité, numérique. Elles mettent l'accent sur des points où la majorité des citoyens européens ont des attentes fortes et qui confortent la souveraineté effective de l'Union européenne (UE) : sécurité économique face aux crises, coopération fiscale, sécurité alimentaire, contrôle des frontières. Elles créent de nouveaux domaines d'intervention également souhaités par beaucoup et en phase avec les enjeux d'aujourd'hui dans la défense et la culture.

Une conditionnalité au respect des droits de l'homme par les États de l'Union qui bénéficient des aides au développement est posée : c'est un acte politique majeur qui rappelle que l'adhésion à l'Union européenne n'est pas une opération de convenance mais un choix de valeurs. C'est la première fois que le « patriotisme constitutionnel » européen est explicitement mis en œuvre dans une politique publique redistributive.

Par ailleurs, faisant du Brexit, malgré le manque à gagner qu'il représente, une occasion pour progresser dans la transparence et la justice, le projet de budget propose de supprimer les multiples « rabais » et « rabais de rabais » accordés à différents pays au fil du temps, notamment sous pression britannique, et qui avaient fini par altérer la lisibilité du budget, entraînant toujours plus de récriminations des uns et des autres.

De nouvelles ressources, significatives par le message qu'elles délivrent (telles qu'une taxe sur les plastiques non recyclés et une part de l'impôt sur les sociétés) ont en outre également été trouvées. On remarque que l'esquisse d'un budget propre de la zone euro est même lancée, à travers le mécanisme de stabilisation des investissements. Il est modeste (600 millions d'euros) mais prometteur car il appellera tôt ou tard des dispositifs législatifs et exécutifs pour le définir et le gérer.

Compte tenu des limites de l'exercice, qui tiennent à la restriction drastique des moyens financiers alloués au budget européen défendue bec et ongles par la plupart des États membres, ce projet de budget répond d'ailleurs positivement à tous les principes que le gouvernement français avait posés comme condition de son soutien.

Enfin, dans le cadre de la Politique agricole commune (PAC), le projet de budget a aussi le courage de proposer une baisse de 3,8 % en euros courants des versements directs aux exploitations agricoles au profit d'incitations à répondre à la demande sociale d'une alimentation soucieuse de la santé du consommateur et de l'écologie. Pour toutes ces raisons, le projet de budget va, très modestement, dans le sens d'une réorientation de la stratégie agricole de l'Union.

Un budget pour coproduire des biens publics

Dans cette perspective, le renforcement du budget de l'Union s'impose si l'on veut que l'Europe réinvente un modèle de développement en phase avec les défis contemporains. La « panne de futur » de l'Europe, ce ne sont manifestement pas les États qui sont en mesure de la réparer. Ceux-ci sont englués dans la reconquête d'une cohésion sociale interne qui s'effrite de jour en jour. Pendant qu'ils colmatent des brèches rendues béantes par les limites d'une politique de solidarité essentiellement redistributive, l'Europe peut s'engager dans une autre voie, celle d'un développement fondé sur la coproduction de biens publics.

Vu le bilan des dernières décennies en matière d'éducation, de recherche et de technologies, il est clair que l'Europe doit beaucoup investir dans la coproduction de biens publics avec ses habitants : connaissance et culture, santé, urbanité, nature, construction de soi. La dynamique éducative individuelle (« apprendre tout au long de sa vie », se construire en permanence) est aussi une condition de meilleure employabilité dans des systèmes productifs en mutations constantes. Cela pourrait également comprendre un engagement direct de l'Union européenne dans les budgets des universités du continent, qui sont, de fait, des universités européennes au recrutement européen. De même que les régions concourent souvent aux finances des établissements de recherche et d'enseignement supérieur, de même l'UE devrait en être partie prenante.

En outre, il serait logique que l'Union s'implique dans un programme de qualification et de dynamique personnelle des individus. Cela pourrait passer par un droit de tirage sur un fonds dédié, permettant à chacun, à tous les moments de sa vie, de renforcer ses *capacités* (les *capabilities* d'Amartya Sen[4]) de s'engager vers des projets socialement utiles. Le socle d'accès à la formation et la dimension protectrice de l'assurance chômage demeureraient nationaux ou régionaux, tandis que l'Europe apporterait une dimension supplémentaire, plus orientée vers l'avenir.

Pour cela, il faut de l'argent. La bonne santé des finances publiques de l'Union européenne (qui n'est pas la somme de celle de ses États membres) l'autoriserait à investir sur des projets stratégiques, par exemple en émettant des bons du Trésor. On pourrait aussi envisager que la rigueur financière que les États atteignent tant bien que mal soit l'occasion d'un basculement des ressources économisées vers le budget européen en donnant une nouvelle signification aux fameux 3 % du traité de Maastricht (moins de 3 % de déficit public par rapport au PIB) – 3 % du PIB, ce pourrait être un horizon raisonnable pour le budget européen. Les efforts de chaque État pour réduire les déficits nationaux seraient encouragés par une attitude bienveillante, à condition que, dans le même temps, chaque pays accepte de transformer, en douceur, un déficit national, dont le fardeau pèse sur son avenir, en une participation au budget européen, porteuse de politiques publiques redistributives utiles pour tous. Le principe serait que, par des incitations concrètes, chaque pays gagne à mutualiser une part légèrement croissante de ses ressources. De cette manière, on pourrait faire passer le budget de l'UE de 1 à 3 % du PIB européen, ce qui resterait bien modeste.

TROISIÈME PARTIE

Ce qui se joue avec l'Europe

CHAPITRE 9

L'illibéralisme contre les Lumières

Depuis 2004, l'Europe est traversée par un lieu commun géographique : la coupure entre l'Ouest et l'Est. Le Rideau de fer est tombé, mais il serait toujours dans les têtes, dans les mentalités, dans les pratiques, dans la culture politique. Bien sûr, c'était la dictature ; oui, c'était le joug de l'Empire soviétique. Les Européens de l'Est n'avaient pas demandé à être des pays communistes. Mais la liberté retrouvée s'accompagnerait de la résurgence et du réveil de la nature profonde de ces sociétés : la démocratie n'y aurait pas vraiment pris souche[1]. La civilisation urbaine et même le libéralisme politique ne se seraient vraiment développés là-bas que dans quelques îlots. Les preuves ? C'est que ces Européens se satisfont de salaires bas. Que cela ne leur pose pas de problème de conscience de venir casser les prix des rémunérations sur les marchés du travail à l'Ouest. Et cela alors même qu'ils se méfient de l'immigration et des personnes de couleur comme de la peste. À l'Est, il y aurait en même temps l'intolérance et la désinvolture, voire la grossièreté. Ils sont mal élevés, ils pourraient dire merci, quand même !

L'illibéralisme et ses préjugés géographiques

Quand bien même ils sont formulés avec plus de grâce et de délicatesse, ces clichés ont sous-tendu le stéréotype, présenté durant des années comme une évidence : l'illibéralisme est un problème propre à l'Europe orientale. Cette vision relève pourtant d'une démarche myope consistant à associer les problèmes démocratiques de l'Europe à une vieille coupure est-ouest et à un élargissement mal digéré de la construction européenne aux anciens pays communistes. De fait, depuis l'accès au pouvoir de l'extrême droite et des contestataires du libéralisme politique en Autriche et en Italie, ainsi qu'aux États-Unis, cette grille de lecture est moins présente, mais le préjugé géographique demeure. Il fait d'ailleurs corps avec un autre préjugé, historique celui-ci : le retour à l'entre-deux-guerres. La force de l'extrême droite en Autriche et en Italie en témoignerait. Et d'ailleurs, dans l'entre-deux-guerres, les pays d'Europe centrale et orientale n'étaient pas des démocraties libérales et parlementaires, eux (sous-entendu : contrairement aux pays d'Europe occidentale) ! La convocation de ces stéréotypes, si elle est banale, a toutefois l'inconvénient de voiler la réalité de l'illibéralisme. Les mouvements et les gouvernements nationaux qui se réclament de, ou peuvent être rangés dans la catégorie de l'illibéralisme dessinent résolument un phénomène du XXIe siècle. La relation avec des phénomènes des deux derniers siècles permet de mieux les décrire, d'en établir la généalogie et de les comparer. Mais il est préférable de ne pas les rabattre sur le passé si l'on veut les comprendre pour s'y confronter.

Dans ce qu'il est convenu d'appeler l'illibéralisme – justement pour désigner la réalité qui nous occupe par un autre mot que ceux de fascisme ou d'autoritarisme –, il y a deux éléments : le nationalisme et la dévalorisation de l'État de droit.

L'État de droit, première cible de l'illibéralisme

La dévalorisation de l'État de droit constitue le cœur de la posture illibérale. C'est à Viktor Orbán, Premier ministre de la Hongrie depuis 2010, qu'on la doit. Réélu en 2014 puis en 2018, il revendique ouvertement depuis 2014 un modèle démocratique « illibéral ». Il explique que la démocratie illibérale fait ses preuves aussi bien en Chine qu'à Singapour, aussi bien en Turquie qu'en Russie. Dans l'illibéralisme européen, les élections restent ouvertes, mais les citoyens se trouvent néanmoins progressivement privés de leurs droits fondamentaux.

Inventé par le publiciste américain Fareed Zakaria[2], ce concept désigne un régime où le multipartisme et les élections sont libres, mais où les fondements du libéralisme politique (ou de la république, au sens de Kant) que sont la séparation des pouvoirs, les libertés civiles, les contre-pouvoirs et l'État de droit sont asséchés et anémiés. C'est en effet ce qui se passe en Hongrie depuis 2010. Par exemple, il n'y a pas de censure, mais, faute de moyens, il n'y a plus de presse d'opposition. Dans un ouvrage[3] documenté, rigoureux et courageux, une équipe d'universitaires dirigée par Bálint Magyar qualifie le système de gouvernement mis en place par Orbán et son parti d'État mafieux.

La « démocratie illibérale » repose sur le respect des élections, mais se défie des autres aspects de la démocratie, notamment l'État de droit et la séparation des pouvoirs. En économie, la concurrence y disparaît au profit de monopoles et d'oligopoles. Plus généralement, dans tous les domaines, le mérite cède face au népotisme et le multipartisme laisse place au clientélisme. La démocratie illibérale ne met en place ni censure ni parti unique. Elle assèche l'écosystème du pluralisme. Elle favorise non seulement la confusion des pouvoirs que le libéralisme politique sépare, mais elle favorise la confusion des pouvoirs politiques et économiques en confiant aux mêmes hommes les uns et les autres, en affaiblissant l'ordre juridique et constitutionnel garantissant l'existence de contre-pouvoirs, ou encore en privant les contre-pouvoirs de leur nécessaire financement.

Viktor Orbán n'est donc pas à proprement parler un fasciste ou un dictateur ; c'est en homme de son siècle qu'il pervertit et sape la démocratie. Orbán est le doctrinaire le plus en vue de l'illibéralisme car il a cherché à faire de ses choix de politiques publiques un enjeu européen. Il l'a fait parce que la Hongrie est l'un des États membres dont la frontière est l'une des frontières extérieures de l'Union européenne. Orbán a dès lors estimé que son combat pour la xénophobie pouvait être européanisé avec profit sur la scène nationale hongroise. Il est devenu l'un des hommes politiques européens les plus en vue, ce qui rejaillit sur son prestige intérieur et donne du crédit à son discours nationaliste de préservation de la nation hongroise. Alors que la Hongrie n'a jamais été ne serait-ce que menacée par le risque djihadiste, il récupère au profit de ses thèses et de ses campagnes électorales les attentats ayant eu lieu ailleurs en Europe : il instrumentalise le mythe historique d'un peuple hongrois résistant à l'Empire ottoman pour raconter que son pays est aujourd'hui le dernier rempart contre l'islamisation de l'Union européenne. Lui et son parti, le Fidesz, proposent un récit des relations postcoloniales des anciennes métropoles impériales dans lequel la France, la Belgique et les Pays-Bas islamisés et colonisés par les Arabes et les Noirs, seraient devenus des lieux de perdition[4].

Une telle vision du monde, qui fait écho au « choc des civilisations » de Samuel Huntington, a rendu Orbán charismatique et la Hongrie exemplaire aux yeux de nombreux mouvements politiques européens xénophobes. Sa relativisation de l'État de droit se trouve justifiée par sa critique de l'universalisme des droits individuels au nom de la préservation démographique et culturelle du peuple européen. Elle est aussi considérée comme exemplaire en raison de son efficacité : Orbán fait partie des rares dirigeants de régimes démocratiques à ne pas avoir été victime des alternances électorales ou, plus récemment, du « dégagisme ». Et pour cause : le rejet des « élites » « mondialisées » ou « cosmopolites » est l'une des pierres d'angle du discours d'Orbán. Parmi elles, les dirigeants et fonctionnaires en poste à Bruxelles constituent une cible de choix : ne sont-ils pas l'archétype d'une technocratie distante, anonyme et apatride qui décide pour les peuples en dehors de toute élection et de tout contrôle ? C'est encore plus facile que de dénoncer les élites nationales dont il est expliqué que, bien qu'élues et ancrées dans leur propre société, elles ont confisqué le pouvoir pour leur profit particulier et trahi le peuple au nom duquel elles ont investi le pouvoir et détourné le mandat populaire qui leur a été confié.

Ce faisant, Viktor Orbán et ses amis parviennent jusqu'ici à rendre relativement peu visibles leur népotisme, leur clientélisme et leur corruption et à les faire accepter. Ils le peuvent d'autant mieux que, si la presse et les médias sont libres, ils ne sont plus pluriels, puisque ses financements sont assurés par des proches du pouvoir. En Hongrie, ni les journalistes ni les opposants ne sont jetés en prison. Cependant, le parti dominant contrôle les médias écrits et audiovisuels et restreint par différents moyens l'expression de l'opposition. En outre, la loi électorale y est devenue très favorable au parti arrivé en tête ; les financements européens (fonds structurels, Politique agricole commune) y servent à acheter des voix ainsi qu'à donner de l'argent et du pouvoir aux dirigeants locaux, qui doivent toute leur carrière à Orbán et bénéficient d'appels d'offres tronqués lors des marchés publics. La politique économique est donc un pilier de l'illibéralisme.

Le népotisme déguisé en souverainisme économique

Le nationalisme économique est ainsi l'autre caractéristique doctrinale propre à l'*orbanisation*. On l'appelle souverainisme car, pour ses promoteurs, il s'agit de rendre au pays sa souveraineté économique. Orbán est revenu au pouvoir en 2010 en rendant responsable de la crise, très violente en Hongrie, la faiblesse de l'actionnariat hongrois dans les entreprises opérant dans le pays : il suffirait que les capitaux soient détenus par des ressortissants nationaux pour la juguler. Jarosław et Lech Kaczyński avaient fait de même en 2005 en Pologne lorsque, allié avec le petit parti paysan, leur parti Droit et Justice (PiS), avait gagné les élections une première fois. Avant l'adhésion à l'Union européenne, ces dirigeants prônaient déjà le « patriotisme économique ». Ils dénonçaient la dépendance des entreprises de leur pays, en particulier bancaires, vis-à-vis des capitaux venus du reste de l'UE. Le retrait de ces capitaux, dans la tourmente provoquée par la crise des *subprimes*, avait obligé les autorités hongroises à demander un prêt au Fonds monétaire international. Le talon d'Achille de la transition vers une économie de marché et de la convergence au sein de l'UE était bien celui d'une position relativement périphérique des territoires récemment intégrés et qui touche, dans une mesure moindre que les Balkans, les pays du groupe de Visegrad (Hongrie, Pologne, Slovaquie, République tchèque)[5]. Il s'agit d'un forum intergouvernemental et informel créé en 1991 pour préparer en commun l'accession à l'UE. Vingt ans plus tard, Viktor Orbán s'en sert comme d'une tribune, et pour faire partager, autant que possible, l'illibéralisme et le nationalisme économique avec ses trois homologues.

Ce nationalisme économique joue un rôle certain dans la popularité de Viktor Orbán. Dans les faits, en une quasi-décennie de pouvoir, Orbán a seulement réduit la présence des capitaux étrangers dans les entreprises de quelques secteurs visibles, comme les supermarchés, les médias, la banque, etc., en plaçant des proches et des affidés à leur tête. La croissance est élevée, le chômage très bas (3,7 %) et le pays est sorti de la crise. Mais cela n'a pas grand-chose à voir avec le souverainisme économique et c'est un redressement qui ne prépare pas l'avenir. Pour l'essentiel, la politique économique d'Orbán vise toujours à attirer les investissements étrangers : l'économie hongroise offre un taux d'imposition des sociétés très bas, une *flat tax* pour l'impôt sur le revenu, des salaires à bas coût, etc. Même si Orbán a dû augmenter le salaire minimum de 15 % en 2017 et de 8 % au 1er janvier 2019, ce Smic de 460 euros reste un des plus bas de l'Union européenne. Aussi la Hongrie, par ailleurs démographiquement atone, connaît-elle une émigration régulière qui touche sa population jeune et qualifiée. Tandis que le gouvernement ne cherche pas à orienter les investissements vers l'éducation, l'université, la recherche et l'innovation et que l'industrie hongroise vit toujours pour l'essentiel de la sous-traitance, il s'efforce de contrer la pénurie de main-d'œuvre et de rassurer les entreprises par des mesures antisociales : fin 2018, sa majorité parlementaire a voté une augmentation considérable du plafond d'heures supplémentaires autorisées, qui passe à 400 par an, et la possibilité pour les entreprises d'étaler sur trois ans le paiement de ces heures. Les partis et les syndicats s'opposant à ces dispositions parlent de « loi esclavagiste » et manifestent en portant des gilets jaunes.

Toutefois, la bonne perception des résultats économiques parmi une grande majorité des habitants a favorisé le tour de passe-passe consistant à présenter le népotisme et le clientélisme comme un programme d'entrée dans le capital des entreprises de capitalistes nationaux, et le néolibéralisme sans vergogne comme la défense des intérêts du peuple. Le paradoxe est que ce néosouverainisme et ce néolibéralisme pratiqués par un gouvernement nationaliste qui ne cesse de critiquer les « eurocrates » sont contenus et tempérés par les limites qu'impose le cadre juridique de l'UE à ses États membres. De même, cette doctrine de souverainisme économique est d'autant plus un travestissement de la réalité que les fonds structurels qui proviennent chaque année de l'Union européenne jouent un rôle de levier important dans l'économie : ils représentent 4 % du PIB de la Hongrie !

Le discours prônant le souverainisme économique et critiquant les élites européennes joue également un rôle notable dans la popularité du PiS revenu au pouvoir en Pologne en 2015, ainsi que dans la victoire de Andrej Babiš et de son parti ANO en République tchèque en 2017. Andrej Babiš est ainsi la deuxième fortune du pays. Il dirige un conglomérat qui est le deuxième employeur du pays, en particulier dans l'agroalimentaire. Son parcours présente plus d'analogies avec celui de Silvio Berlusconi qu'avec celui de Donald Trump, auquel on le compare souvent. Il a monté son parti ANO sur un credo à la fois libéral, patriotique et dégagiste en un temps record. Son accession au poste de président du gouvernement, fin 2017, lui permet de se défendre en position de force contre l'instruction par la justice de son pays de soupçons de détournement à son profit personnel, dans les années 2000, de très importantes sommes versées au titre des fonds structurels, ces financements européens consacrés au comblement des inégalités entre les territoires de l'UE.

La mise en avant, dans les discours, du souverainisme économique voisine avec l'importance du nationalisme dans l'idéologie des mouvements illibéraux.

Un nationalisme « européen »

Le nationalisme des mouvements européens du XXIe siècle est différent du nationalisme du siècle précédent. Il n'est ni guerrier, ni expansionniste, ni impérialiste. Pour avoir fini entre 1939 et 1945 dans le racisme et le génocide, le nationalisme agressif a été durablement discrédité[6]. Le nationalisme européen qui est aujourd'hui réhabilité n'est pas celui qui prévalait durant l'entre-deux-guerres, qui supposait la supériorité d'une nation sur une autre. Celui d'aujourd'hui, lui, soutient que toutes les nations européennes se valent mais qu'il ne faut pas les mélanger. On constate donc un déplacement de la matrice du *Vaterland* (la patrie glorieuse à qui l'on donne son sang sur les champs de bataille) à celle de la *Heimat* (une identité intérieure défendue par l'homogénéité et la cohésion)[7]. C'est ce qui rend possible pour ces mouvements de proposer une « convergence des luttes » nationalistes européennes au sein des institutions de l'Union européenne et contre les peuples non européens.

C'est dans ce cadre que les nationalistes européens du XXIe siècle font de l'appartenance à la nation l'alpha et l'oméga de leur discours. Au nom de la pureté du peuple qui constitue toute nation, forcément homogène, ils sont xénophobes, anti-Roms et antisémites. Ce nationalisme contemporain en Europe n'oppose ni ne hiérarchise les nations entre elles, mais veut les prévenir de tout mélange. Il considère que les nations européennes doivent s'allier pour empêcher ce qu'il présente comme une invasion de migrants venus du monde afro-arabo-musulman. Ces derniers sont réduits à une essence ethno-religieuse fixe, qui pourrait contaminer ou dissoudre les sociétés européennes, figées elles aussi, selon cette doctrine, dans des essences intemporelles léguées par le christianisme. Dans sa vision du monde comme d'un choc entre communautés et entre civilisations, ce nationalisme est donc européen. Les leaders nationalistes d'Europe sont des hommes de leur temps et non du siècle passé.

Est-ce pour autant que ce néonationalisme européen est compatible avec la construction européenne, qu'il s'y coulerait sans la pervertir ? Non. En effet, si ce nationalisme n'est pas un impérialisme et qu'il n'excite pas les nations d'Europe à se faire la guerre entre elles, il s'en prend à l'universalité de l'État de droit et du pluralisme par sa xénophobie. Or l'un comme l'autre sont au fondement du projet européen. On peut même dire que, contrairement à la vision des illibéraux et des souverainistes, la construction européenne a joué un rôle certain dans la réconciliation des États-nations européens avec l'État de droit et le pluralisme.

La supranationalité laïcise l'État-nation

Pour s'en convaincre, il faut revenir au siècle précédent. Avant même la conquête de l'Europe par les nazis, les fascismes étaient dominants, et leur force de séduction et leur rayonnement fort grands[8]. En 1939-1945, les fascismes auraient sans doute pu gagner la guerre et l'Europe devenir un immense territoire hiérarchisant ses habitants en fonction de leur « race » et classant les nations selon leurs supposées aptitudes et utilités.

Cela s'est joué à peu de chose, et les habitants des pays libérés en sont bien conscients… La construction européenne est donc en fait, dès le départ, avec l'État providence, les nationalisations, le développement des syndicats et des partis et des élections à tous les niveaux, l'une des politiques publiques inventées et déclinées par les dirigeants et les cadres politiques et syndicaux pour parvenir, d'une autre manière, à cet objectif d'intégration des sociétés nationales[9] et pour rendre les républiques démocratiques enfin attractives.

Cela paraît d'autant plus aisément atteignable que le nationalisme est alors durablement discrédité par l'état de ruine totale auquel il a mené. C'est ce discrédit du nationalisme qui rend possible le relatif découplage entre la souveraineté nationale et la souveraineté populaire, entre la nation et la démocratie.

C'est dans ce changement de paradigme que peut émerger la supranationalité, qui suppose un profond remaniement de l'idée initiale d'État-nation. Ainsi, contrairement à ce qu'on lit si souvent, la construction européenne, dont la clé de voûte est la supranationalité, est non pas postnationale, mais post-nationaliste. Depuis l'origine, elle passe par la mise en réseau des États-nations[10]. La construction européenne – CECA, puis CEE, puis UE – a plutôt conforté l'État-nation[11], mais en le dissociant du nationalisme. En Europe, la nation est ainsi devenue une collectivité d'appartenance non exclusive. La poursuite de ses intérêts n'est plus incompatible avec la coopération avec d'autres nations, puisqu'il n'y a plus de hiérarchie ni de rapport de domination entre elles.

En pratique, la supranationalité qui caractérise le fonctionnement politique de l'UE et qu'incarne tout particulièrement la Commission européenne est le mécanisme par lequel des décisions qui s'exercent sur le territoire national sont prises en commun avec les représentants d'autres nations européennes. La supranationalité, c'est l'abandon, dans la coopération entre États nationaux, du droit de veto et de l'unanimité. Chacun de ces États se retrouve ainsi coresponsable et coproducteur des politiques publiques qui s'appliquent sur le territoire des autres États membres, tout en acceptant que ces autres États soient coresponsables et coproducteurs des politiques publiques qui s'appliquent sur son propre territoire. La construction européenne mutualise ce qui est réputé ne pouvoir l'être : la souveraineté territoriale. L'architecture européenne désacralise donc le territoire national, elle le laïcise et c'est cela qui assure une paix durable. Quoi qu'on puisse en penser, cet événement est inédit dans l'histoire universelle et dans l'espace mondial. Le prix Nobel de la paix attribué à l'Union européenne dans son ensemble en 2012 sanctionne cette bifurcation très importante, massive, dans l'histoire des sociétés européennes. L'Union européenne se révèle un projet très proche de la confédération, à la fois modeste et exigeante, que Kant proposait en 1784 sous le nom de « cosmopolitique ». C'est aussi un projet éminemment géographique.

La construction européenne est ainsi fille des Lumières – elle s'inscrit dans cette tradition d'une vision de la société comme agencement de personnes raisonnables, c'est-à-dire autonomes, mues à la fois par leur intérêt, par la raison et la morale, et par la quête de l'intérêt général[12]. La construction européenne est, dans sa version la moins fédérale, une république démocratique d'États-nations. Les États nationaux, devenus raisonnables en renonçant au nationalisme, s'associent entre eux et modifient en profondeur les modalités de leurs relations.

Voilà pourquoi la résurgence de mouvements nationalistes dans l'UE à un point tel qu'ils sont choisis par des majorités pour gouverner leur pays fait événement.

Autour d'Orbán : démagogues au sud, xénophobes au nord

L'UE pourrait donc être au service d'un nationalisme non plus national, mais européen ? Dans un tel détournement, la construction européenne deviendrait l'instrument d'une vision géopolitique inspirée non par la « paix perpétuelle » d'Emmanuel Kant (1795) mais par le « choc des civilisations » de Samuel Huntington (1996). La vie politique des années en cours et à venir ne voit plus s'opposer proeuropéens et eurosceptiques, mais deux projets de construction européenne, l'un ouvert et hérité des Lumières, l'autre fermé et hérité des anti-Lumières.

Cette nouvelle polarisation est déjà en train de recomposer les paysages politiques de chaque État membre de l'UE. Elle est en marche, et l'inscription de Viktor Orbán au sein du grand Parti populaire européen (PPE) en est à la fois le signal et le vecteur. Cette inscription crédibilise le discours et les politiques publiques du gouvernement Orbán depuis 2010. *De facto*, elle favorise la porosité et l'échange entre cette doctrine d'un nationalisme européen allophobe (xénophobe, islamophobe, anti-Roms et antisémite, notamment) et le cosmopolitisme modérément ouvert à l'altérité, quoique conservateur dans les mœurs, et favorable à un dépassement en douceur des nationalismes qui caractérise les mouvements démocrates-chrétiens fondateurs du PPE.

Si la Hongrie s'y distingue, l'illibéralisme n'est donc pas une spécialité de l'Europe orientale. Il n'est en rien l'émanation de peuples ou de nations qui seraient par essence moins acculturés à la démocratie politique que d'autres.

En témoigne un fait relativement récent trop souvent déjà oublié : une partie de la description qui vient d'être faite s'applique à l'Italie des années 1990. Silvio Berlusconi a gagné les élections de 1994 en jouant sur le rejet des élites traditionnelles alors délégitimées par l'opération anticorruption « Mains propres ». Pour éviter d'être lui-même éclaboussé comme dirigeant d'entreprise corrompu, il s'est lancé dans la compétition électorale. Son parti, créé de toutes pièces, Forza Italia, a attiré les électeurs orphelins de la démocratie chrétienne discréditée. À la tête du plus grand empire de presse et audiovisuel privé du pays, il a alors mis la main sur toutes les chaînes de l'audiovisuel public, la RAI. Il a orienté en sa faveur les informations des médias et déversé sur tout le pays des programmes de divertissement et de téléréalité d'une grande vulgarité. Il s'est allié avec l'extrême droite, scellant ainsi la conjugaison du *télépopulisme* et de l'*ethnopopulisme*[13]. Tant qu'il est resté au pouvoir, il est parvenu à entraver toutes les procédures judiciaires ouvertes à son encontre pour corruption et népotisme.

En même temps qu'Orbán parvenait à passer pour un modèle à suivre, l'extrême droite xénophobe progressait dans plusieurs pays d'Europe du Nord au point de devenir partie prenante des majorités parlementaires au pouvoir : ainsi en est-il en Suisse, au Danemark, en Finlande, en Belgique et, depuis la fin de l'année 2017, en Autriche. Au Danemark, le parti d'extrême droite soutient sans y participer le gouvernement conservateur, dans le cadre d'un programme xénophobe, à connotation islamophobe, visant le rétablissement des contrôles aux frontières au sein de l'espace Schengen. Dans tous ces pays, les gouvernements mettent en place depuis le tout début des années 2010 des politiques publiques fondées sur une vision civilisationnelle ou communautaire de la société. Les Non-Européens ou les ressortissants nationaux dont les parents ne l'étaient pas y sont en butte à des législations discriminatoires. Dernier avatar de cette tendance européenne : la différenciation du montant des allocations familiales en fonction du pays de résidence des enfants de l'allocataire habitant et travaillant en Autriche. Au Danemark, et peut-être bientôt en Île-de-France[14], il est question de pondérer les peines des délinquants selon qu'ils habitent dans un quartier réputé « criminogène » (majoritairement peuplé d'habitants issus de l'immigration) ou non. Ce faisant, cette *orbanisation* est d'autant plus avancée dans toute l'Europe qu'elle se diffuse au sein des familles politiques qui se réclament, elles, du libéralisme politique. C'est dans ce domaine de la xénophobie que la contamination des pratiques de gouvernement par l'idéologie d'extrême droite est la plus avancée et la plus répandue en Europe. On le voit particulièrement clairement au Danemark, mais aussi en Autriche, en Hongrie, en Pologne, en Slovaquie et en Suède. Viktor Orbán et le Fidesz ont joué le rôle de précurseurs en Hongrie depuis 2010 : ils ont inventé cette nouvelle synthèse, et l'ont diffusée non sans succès au sein du PPE[15].

Les laboratoires autrichien et italien du détournement de l'UE

Depuis décembre 2017, cette porosité s'incarne dans des réalités gouvernementales. Le Parti populaire autrichien (ÖVP), qui se réclame de la démocratie chrétienne et que dirige Sebastian Kurz, a constitué un gouvernement de coalition avec le FPÖ, le parti d'extrême droite. De façon inédite, Kurz a confié au FPÖ trois ministères régaliens : l'Intérieur, la Défense et les Affaires étrangères. Dans un pays membre de l'UE, l'extrême droite dirige donc la totalité des forces de renseignement et de sécurité et a la haute main sur la politique de migration et d'asile. Les démocrates-chrétiens autrichiens ne pouvaient pas mieux signifier qu'ils ont déjà fait leur le programme de l'extrême droite sur ces questions.

Le même phénomène est à l'œuvre en Italie. D'une part, cette colonisation de la droite de tradition libérale par le nationalisme s'est manifestée dans le cadre de la coalition dite de « centre droit » arrivée en tête lors du scrutin national du 4 mars 2018. Cette coalition électorale regroupait, d'une part, deux partis d'extrême droite, la Lega Nord, devenue Lega, et Fratelli d'Italia et, d'autre part, Forza Italia, membre du PPE, fondée et dirigée par Silvio Berlusconi. À la différence de ce qui se passait depuis les années 1990, la Ligue est devenue celui des trois alliés qui a recueilli le plus de suffrages. Dirigée par Matteo Salvini, elle s'est émancipée de cette alliance, qui fonctionne toujours dans plusieurs régions et municipalités, pour passer un contrat de gouvernement avec un mouvement politique nouveau et arrivé largement en tête lors de ces élections : le Mouvement 5 étoiles (M5S), que dirige Luigi Di Maio. Ce parti, qui se proclame antisystème, est un mouvement populiste inclassable, dont le programme « ni de droite ni de gauche » emprunte à toutes les traditions idéologiques, y compris la démocratie directe, l'écologie et la xénophobie. Selon Gilles Ivaldi, les 5 étoiles ressortent autant du « populisme d'exclusion » que du « populisme social et égalitaire ». Ligue et M5S, très différents à certains égards, convergent nettement dans le rejet de la médiation et de l'altérité. Ils prétendent que c'est le peuple qui accède directement au pouvoir à travers eux. L'avènement de ce peuple (ici italien) mythique, pur, authentique et uni va nécessairement de pair avec la dénonciation de groupes et de communautés qui le menaceraient : les migrants, les étrangers, les musulmans, les Roms, les francs-maçons, les fonctionnaires…

Cette convergence permet de comprendre les logiques des politiques publiques du gouvernement italien. On pouvait s'attendre à ce que le gouvernement italien, mis sous pression par la Commission européenne mais aussi par le patronat italien, accepterait des compromis sur son programme budgétaire, fiscal et économique. En contrepartie, les mesures les plus immédiatement « antisystème » et les plus visibles de ce gouvernement marquent un durcissement considérable du droit et du traitement des étrangers non européens, des demandeurs d'asile et des Italiens d'ascendance non européenne. Le gouvernement italien viole sans vergogne le droit international de la mer, en imposant à sa marine de ne pas effectuer de sauvetage de naufragés dans les eaux internationales et en imposant aux municipalités italiennes de fermer leurs ports aux navires humanitaires comme en a témoigné l'odyssée imposée à l'*Aquarius*, un bateau de l'ONG SOS Méditerranée, à l'automne 2018.

Ce faisant, ce gouvernement a fait sauter un tabou européen, celui de l'universalité de l'État de droit et des libertés constitutionnelles. L'alliance du M5S et de la Ligue donne un visage neuf à l'euroscepticisme et au nationalisme. En passant par l'Italie, cette dynamique acquiert un éclat considérable et une valeur d'exemple.

Cette coalition gouvernementale italienne inédite est ainsi exemplaire d'une européanisation de la xénophobie et du nationalisme : il y a convergence des luttes nationalistes dans une sorte de « supranationalisme ». Il s'agit d'utiliser les capacités politiques et institutionnelles de l'Union européenne pour préserver les peuples européens des populations des mondes extra-européens ou présentées comme telles. Dans ce projet, la construction européenne est maintenue mais détournée des valeurs progressistes qui la fondent depuis 1950, au profit d'un rajeunissement de la tradition, tout aussi européenne mais en veilleuse depuis 1945, des anti-Lumières sur des points essentiels : défiance généralisée de chaque société vis-à-vis de toutes les autres, pessimisme structurel face aux défis contemporains, toujours vus comme des menaces et jamais comme des opportunités, rejet de mécanismes permettant de dépasser les conflits interétatiques, refus de construction de politiques publiques supranationales. Cela étant, les positions des souverainistes « de gauche », sont tout aussi intenables : sous prétexte que la construction européenne serait intrinsèquement « néolibérale », ils refusent de traiter les problèmes là où ils se posent et avec les autres citoyens européens, qui peuvent contribuer à les résoudre. Ils se situent donc eux aussi dans un rejet de l'altérité qui consiste à refuser de faire société avec ses voisins immédiats alors que c'est possible et que cela peut manifestement être utile.

Illibéraux contre pluralistes : un affrontement européen

Eurosceptiques et souverainistes, ces partis d'extrême droite ont renoncé à faire sortir leurs pays respectifs de l'UE ou à tuer l'Union européenne. C'est le cas du FPÖ comme de la Ligue. C'est maintenant le cas du Rassemblement national (RN) en France. Depuis sa défaite au second tour de la présidentielle de 2017, le Front national a, tout en changeant de nom, infléchi sa doctrine sur l'Europe, remisant les hypothèses de sortie de l'UE ou de l'euro. Pendant ce temps, la nouvelle direction des Républicains travaille à un rapprochement programmatique et tactique avec le RN – dont l'élection législative partielle de Mayotte en mars 2018 a été un indicateur. Les partis d'extrême droite européens veulent maintenant transformer l'UE de l'intérieur. Il s'agit de faire de l'Europe une forteresse ethniquement homogène, d'oublier le cosmopolitisme et de se préparer au choc des civilisations. Le Parlement européen préfigure depuis une décennie au moins cette grande bataille politique et ces reclassements.

Pour leur part, les eurodéputés de le Fidesz, le parti de Viktor Orbán, siègent au sein du groupe du Parti populaire européen. Ce regroupement correspond historiquement à l'alliance des mouvements démocrates-chrétiens européens, dont le rôle dans la fondation de la CECA puis de la CEE fut moteur. Demeuré le principal groupe de droite au Parlement européen, et le groupe le plus nombreux tout court, il fédère aussi bien Les Républicains français que la CDU d'Angela Merkel et que Forza Italia de Berlusconi. Jean-Claude Juncker, pilier des gouvernements luxembourgeois pendant une génération et président de la Commission européenne de 2014 à 2019, en est issu. Au Parlement européen, les eurodéputés du parti tchèque ANO fondé par Andrej Babiš siègent dans le groupe libéral-démocrate (ADLE) que dirige l'ancien Premier ministre belge Guy Verhofstadt. Les eurodéputés polonais du parti ultraconservateur PiS revenu au pouvoir en 2015 siègent au sein du groupe CRE (« conservateurs et réformistes ») avec les conservateurs britanniques. On est très loin d'une coupure Est-Ouest.

Il n'y a donc pas qu'en Hongrie que l'universalité des droits est remise en cause par le pouvoir, et l'*orbanisation* de l'Europe est loin de se limiter aux pays entrés dans l'UE depuis 2004.

CHAPITRE 10

Cracher dans la soupe, mais manger la soupe

« Populiste » : justifions d'abord le terme. Loin d'être un fourre-tout, il est pertinent. Le populisme postule une immédiateté du peuple. Trahi par ses représentants et par ses dirigeants, qui constituent une caste, ce peuple doit accéder au pouvoir sans médiation. Dans les faits, cela revient toujours à confier le pouvoir à un leader réputé parler en son nom, être sa bouche.

Le populisme est un communautarisme autoritaire

Le populisme postule une homogénéité, une unicité : si le peuple s'oppose à l'élite, s'il est par nature trahi par les élites, s'il s'incarne donc dans un homme et le mouvement qui le soutient, c'est que le peuple est un. Le populisme nie ainsi la diversité de la société comme réalité et comme principe. C'est pourquoi le populisme débouche intrinsèquement sur le rejet du multiple. Puisqu'il n'y a de peuple qu'unique, le débat est suspect, les minorités sont un problème voire un danger, le compromis une trahison. Dans les faits, puisque le peuple (même représenté par un mouvement minoritaire) a toujours raison, les minorités politiques ont tort. Le populisme en Europe aujourd'hui se caractérise par la certitude que les majorités supposées ne doivent rien aux minorités : ni considération, ni protection. Le populisme est ainsi intrinsèquement porteur et de politiques discriminatoires et normatives, et de fragilisation des partis et des courants minoritaires, que ce soit sur la scènc politique ou, plus généralement, dans la sphère publique[1].

La démocratie illibérale est donc bien plus qu'un slogan ou un tour de passe-passe sémantique. C'est d'ailleurs pourquoi le populisme du XXIe siècle n'est pas une variante du totalitarisme fasciste ou communiste. Il se différencie d'autres mouvements tribunitiens, avec lesquels il partage certains traits (comme l'autoritarisme, le refus du pluralisme et un opportunisme sans scrupules) qui ont donné sa tonalité tragique au XXe siècle. Le nouveau populisme n'a pas la prétention de créer un homme nouveau, ni une société nouvelle, ni un nouveau système économique, ni même pour programme de changer de régime politique. Il a pour fonction de légitimer, de soutenir, voire de créer le communautarisme comme principe d'organisation de la société : vivons entre semblables, au sens d'être issus d'une même essence (bien plus que d'une même catégorie sociale, ou d'une même place dans le rapport de production), et tout ira mieux. Entre gens de même couleur de peau, de mêmes origines géographiques et historiques, de mêmes traditions ou héritages religieux, de même langue… Ainsi les élites stipendiées sont-elles forcément cosmopolites, trans- ou postnationales. Ainsi le populisme se méfie-t-il de la grande ville et, en général, de l'urbanité.

L'urbanité comme exposition à l'altérité

La civilisation urbaine, en effet, œuvre comme le laboratoire de la diversité, de la variété et de la multiplicité. Dans la ville, la proximité devient mitoyenneté, parfois promiscuité, et la politesse et la capacité de faire place aux autres, tout en produisant son espace personnel et intime, y deviennent l'attribut nécessaire de tout citadin. La métropole, avec ses ports, ses gares et ses aéroports, connecte ses habitants avec tous les autres lieux à l'échelle mondiale ; elle les relie à la diversité du Monde. La métropole est cosmopolite, tant par ses relations avec le monde extérieur que par l'origine de ses habitants. Elle est mixte sociologiquement et fonctionnellement. Son mode de vie et la façon qu'ont les métropolitains d'habiter leur monde (donc leur ville) sont eux aussi mixtes et cosmopolites. La forte densité d'activités de travail et de loisirs qui y sont proposées brasse des individus de statuts et d'origines variés. Quand bien même la mixité n'est pas synonyme de mélange, quand bien même toute métropole déploie toujours, jusqu'à un certain point, un zonage spatial économique et culturel, chacun y côtoie quotidiennement une très grande altérité par rapport à lui-même et participe de cette diversité. L'urbanité est enfin caractérisée par des remises en cause permanentes par rapport à la norme et par des pratiques alternatives aux usages dominants. Les activités, les attitudes, les orientations rares se concentrent dans les métropoles, car le nombre de pratiquants y atteint la taille critique, et l'anonymat les garantit[2].

Aux discours de rejet de la grande ville développés par Marine Le Pen (à travers la haine des bobos) ou de l'éloge de la « Province » (contre Paris, chargé de toutes les tares) par Laurent Wauquiez ou des « territoires » (qui seraient le contraire des villes) par une partie de la sphère politico-médiatique française, fait écho la place de l'urbanité lors des guerres en ex-Yougoslavie, en particulier dans la guerre menée par les milices serbes (avec le soutien du gouvernement de ce qui restait de Yougoslavie) contre la Bosnie-Herzégovine. Celles-ci s'en sont prises de façon méthodique et très ciblée aux villes, notamment à la plus diverse d'entre elles, Sarajevo, et tout particulièrement aux lieux de production de l'urbanité : cafés, boîtes de nuit, bibliothèques... Dans le cadre de leur stratégie d'épuration ethnique, c'est-à-dire d'une politique visant à rendre un territoire ethniquement homogène, les forces serbes ont mis en place une politique systématique d'urbicide[3].

Le mythe de l'âge d'or

Une troisième caractéristique du populisme est la démagogie. À l'instar de la pensée magique, la pensée populiste propose sans cesse des mesures inapplicables – ou qui, une fois mises en œuvre, bloqueraient complètement la vie sociale et aggraveraient la situation de la population. Cela se fait au nom du refus farouche du présent. En effet, en raison de son attachement à la préservation de la communauté d'appartenance fantasmée, le populisme cultive le mythe d'un âge d'or dans lequel le passé est idéalisé, le futur est craint, et le retour à une immobilité rêvée recherchée.

C'est pourquoi la construction européenne et le territoire de l'Union européenne sont un des sujets de prédilection des mouvements populistes. D'une part, leur existence fonctionne comme un effet de réel. Ainsi les fameuses règles et critères de l'Union économique et monétaire produiraient des contraintes néfastes dont il faudrait s'affranchir pour que tout aille mieux. Le projet de se débarrasser de l'euro est clairement étayé par l'idée que le monde d'avant, celui du franc, de la lire ou du mark, avait toutes les qualités. Comme si les problèmes structurels de l'économie française ou italienne n'existaient pas déjà avant la création de l'Union économique et monétaire (UEM) et, même, au moment de la crise du Système monétaire européen et du « choc pétrolier » du début des années 1970. Comme si les pays qui n'ont pas l'euro ne présentaient pas eux aussi des difficultés (ainsi les travailleurs pauvres au Royaume-Uni) et comme si certains pays ayant adopté la monnaie unique ne s'en tiraient pas beaucoup mieux que la France sur le plan budgétaire et économique.

On pourrait certes faire l'hypothèse que les spécificités nationales seraient telles que l'euro serait un problème pour la France. Mais convient-il de généraliser ce raisonnement à tous les pays ? Et les spécificités en question (notamment les difficultés de l'industrie française à atteindre un niveau d'excellence qui permette de s'affranchir des contraintes de la productivité-coût) ne sont-elles justement pas un problème préoccupant dont l'euro peut accélérer la solution ? L'euro présente des défauts : certains pays en tirent plus davantages que d'autres. Mais cela ne permet pas de conclure qu'il a aggravé la crise de 2008 et, plus généralement, les conséquences mal maîtrisées de la mondialisation. Rien de concret ne vient confirmer l'idée que les inégalités et la faiblesse du pouvoir d'achat seraient moindres sans l'euro.

Derrière la détestation de « Bruxelles » et « Francfort » se cache en fait la détestation du gouvernement par les pairs qui est la réalité de l'Union européenne : ce qui arrive sur mon territoire dépend des décisions que nous prenons tous ensemble avec les autres pays ; en cas de propositions irréalistes car mettant en danger l'ensemble de la communauté dont le pays au nom duquel j'agis et parle, mes voisins me le disent immédiatement. L'appartenance au système européen joue comme un surmoi ou une corde de rappel et produit un *nous* irréductible à la somme des *je* nationaux. Cela montre à quel point les territoires des États-nations européens sont devenus des composantes d'un espace européen tissé d'interdépendances complexes.

Ainsi, le sentiment d'enclavement et d'entre-soi qui caractérise les espaces situés à l'écart des centres-villes (péri-, hypo- et infra-urbain) rejoint la méfiance envers la supranationalité générée par le rêve d'un âge d'or de la souveraineté nationale. Cela a été démontré dans un nombre considérable d'élections tenues depuis vingt-cinq ans : plus on s'éloigne du cœur des métropoles, tout spécialement à l'intérieur des aires urbaines, donc dans les zones périurbaines, plus le vote populiste croît. Ce phénomène s'observe en Autriche, en Suisse, en France, au Royaume-Uni, en Finlande, en Suède, en Pologne, en République tchèque[4]... Et c'est d'autant plus net que les enjeux électoraux portent sur l'Europe : les mouvements populistes articulent donc par leur soutien l'échelle locale et l'échelle continentale.

Insulter, prendre, rester

Tout en gardant leurs caractéristiques principales, les mouvements populistes ont connu une inflexion significative au tournant des années 2010. Ils ont quitté les uns après les autres leur posture exclusivement protestataire : ils veulent accéder au pouvoir, gouverner et durer. L'un des signes de cette évolution est leur prise en compte de la réalité européenne comme une ressource institutionnelle et politique permettant d'atteindre certains de leurs objectifs. Cette prise en compte est la conséquence de l'hétérogénéité de leurs électeurs, qui, au-delà de la séduction produite par l'idée de partis antisystème, attendent qu'on défende leurs intérêts, souvent contradictoires.

D'une part, l'électorat populiste est en effet socialement composite : le gradient géographique d'éloignement aux centres-villes des métropoles – le gradient d'urbanité – n'est pas un gradient socio-économique[5] et il faut être attentif au risque d'ambiguïté porté par le mot « périphérie » : vivre à l'écart des villes ne signifie pas le moins du monde qu'on soit un exclu. Le rejet de l'altérité traverse les « classes », l'attraction pour l'autorité et la remise en cause de l'État de droit également, de même que le regret de la relativisation du territoire ou des mythes mémoriels nationaux.

D'autre part, tous les foyers qui touchent des revenus, même modestes ou non assujettis à l'imposition, ont conscience qu'une sortie de l'euro dévaluerait mécaniquement la valeur de ces revenus. Les électeurs tentés par les populistes ont conscience, au moins de manière diffuse, de ce que l'appartenance à l'UE est également génératrice de revenus, notamment pour les régions en difficulté et pour l'agriculture. À travers la Politique agricole commune (PAC) et la politique régionale, l'UE met en œuvre des actions de redistribution dont les bénéficiaires sont bien souvent les territoires éloignés des centres des grandes villes – quand bien même leur affectation sur des critères d'activités finance des projets et des actions et n'ont pas l'automaticité inconditionnelle des « robinets » nationaux. La Pologne et la Roumanie font ainsi partie des principaux bénéficiaires de la PAC, tandis que, outre ces mêmes pays, la République tchèque et la Hongrie bénéficient largement des « fonds structurels » de l'UE.

Les gouvernements dirigés par des populistes prônent donc un souverainisme d'un genre nouveau, qu'on pourrait appeler, en assumant l'oxymore, « souverainisme communautaire », c'est-à-dire un nationalisme qui crache dans la soupe supranationale, mais ne dédaigne pas pour autant manger cette soupe. Classiquement, les populistes nationalistes et xénophobes d'Europe étaient si attachés à la souveraineté nationale qu'ils détestaient la construction européenne, qui est supranationale et mutualise les souverainetés. Si les Orbán, Babiš, Salvini, Di Maio, Wilders, Le Pen, Kaczyński…, en bons populistes, critiquent violemment les « élites dirigeantes » de Bruxelles au motif qu'elles trahissent les peuples, ils ne remettent pas en cause l'appartenance de leur pays à l'UE ni même à l'Union économique et monétaire. Ils trouvent formidable que, grâce à celle-ci, les Européens soient plus forts et plus solidaires, quitte à faire leur marché dans les politiques publiques de l'UE en en détournant les règles, celles des marchés publics tout particulièrement.

Ainsi, il est remarquable que l'euro ait d'autant plus été la cible des mouvements populistes eurosceptiques et nationalistes que ceux-ci étaient dans l'opposition. Depuis 2017, arrivés au seuil du pouvoir ou au gouvernement, ces mouvements populistes s'en prennent beaucoup moins à l'euro. La sortie de la monnaie unique n'est plus à leur programme. Et ils en viennent même à se diviser sur le respect des critères de Maastricht lorsqu'ils sont au gouvernement, ce qui est le cas en Autriche depuis 2017 avec le FPÖ comme en Italie avec la Ligue depuis 2018. L'extrême droite au pouvoir en

Autriche milite pour leur respect, tandis que celle qui gouverne en Italie prône leur assouplissement pour augmenter le déficit public en baissant les impôts. Mais ils continuent de converger dans la dénonciation de la Banque centrale européenne (BCE) et de la Commission européenne. La BCE, étant chargée de la politique monétaire, est honnie au motif que son indépendance serait un déni du pouvoir du peuple et de sa souveraineté. La Commission est détestée car elle est chargée, au nom de tous les gouvernements, de faire respecter les critères de Maastricht.

Ainsi, sur un autre registre, le gouvernement polonais s'en prend aujourd'hui sans vergogne à la séparation des pouvoirs et à l'indépendance des juges au nom de la lutte contre les « élites » qui auraient failli. Le gouvernement autrichien s'affranchit du droit communautaire en modulant les allocations familiales selon la nationalité et le pays de résidence, au sein de l'UE, des enfants de l'allocataire. Le gouvernement italien s'affranchit du droit de la mer et des règles de secours aux naufragés. La Commission européenne menace le gouvernement polonais de sanctions, le Parlement européen fait de même avec le gouvernement hongrois (l'article 7 du traité de Lisbonne prévoit la possibilité de suspendre les votes d'un État membre qui ne respecte pas l'État de droit). Mais Viktor Orbán a déjà fait savoir que la Hongrie s'opposerait à une telle sanction s'agissant de la Pologne, et le président polonais Andrzej Duda de même, s'agissant de la Hongrie. Or, l'unanimité des États membres est nécessaire pour l'appliquer.

Les quatre pays de Visegrad ont refusé d'appliquer la décision prise à l'automne 2015 à la majorité qualifiée de répartition des migrants arrivés sur le territoire de l'UE sans autorisation de séjour et y déposant une demande d'asile et d'accès au statut de réfugié. C'est un précédent notable de refus de respecter la supranationalité.

Pour autant, aucun de ces pays n'envisage de sortir de l'UE. Et, quand il s'agit des questions budgétaires, ceux qui envisagent d'ignorer les règles de l'UEM, comme l'Italie à l'automne 2018, se trouvent toujours isolés.

Il existe donc un projet de construction européenne populiste de droite et d'extrême droite. Il s'est structuré dans les années 2010 depuis que Viktor Orbán est revenu au pouvoir en Hongrie avec un talent certain[6]. Dans son sillage, les partis tribunitiens populistes ne se contentent plus de la protestation et n'appellent plus aussi clairement à l'éclatement ou à la mort de l'UE. Cette nébuleuse politique, qui ressemble de plus en plus à une famille, est maintenant au pouvoir dans un quart des pays de l'UE[7]. Voter Orbán en Hongrie, Kaczyński en Pologne, Strache en Autriche, Salvini ou Di Maio en Italie, Akesson en Suède, Thulesen Dahl au Danemark, Gauland en Allemagne, Le Pen en France, Wilders aux Pays-Bas, c'est voter pour une Europe qui croit à la lutte à mort entre « civilisations » et à l'illibéralisme, mais qui, contrairement aux *brexiters* britanniques, vise aussi une utilisation pragmatique et opportuniste de la supranationalité, et non le splendide isolement.

Le nationalisme lui-même s'étant européanisé, l'UE est devenue en tant que telle un lieu à investir pour faire triompher un projet politique d'envergure, celui d'une société rassurée par l'autoritarisme et la xénophobie, ainsi que par le rejet de l'urbanité, de la différence, du pluralisme et du droit des minorités politiques.

CHAPITRE 11

Russie : ce n'est pas qu'un voisin

La violence géopolitique fait clairement partie de la doctrine de la Russie, qui occupe en toute illégalité des territoires de trois États (Moldavie, Géorgie, Ukraine) et qui a même annexé la Crimée en violation d'un traité signé en 1997 qui confirmait l'appartenance de cette région à l'Ukraine. La figure d'Alexandre Douguine mérite d'être mentionnée ici. Ce promoteur de l'« eurasisme » dénonce le « matérialisme » et la « décadence » de l'Occident. Il définit son mouvement Eurasia, qui comprend dans sa direction des proches de Poutine, des militaires et des religieux, comme le « premier parti géopolitique » visant à fonder un nouvel empire qui reconquerrait les territoires de l'Occident. On retrouve dans ce discours une logique proche de celle de Carl Schmitt[1] : c'est la conquête de territoires par la force, justifiée par la simple affirmation de sa nécessité morale, religieuse et ethnique, qui occupe la place d'un projet politique.

La question des relations de l'Union européenne avec la Russie est donc à la fois lancinante et lourde de conséquences. En effet, nombreuses sont les politiques publiques des gouvernements russes qui ont un impact tout à fait significatif sur la situation et le devenir des Européens. La politique européenne de la Russie offre de nombreux cas qui entrent en contradiction, et donc en concurrence, avec les politiques tant d'élargissement que de voisinage de l'UE, ainsi qu'avec la PESD, la politique de défense et de sécurité de l'Union.

La Russie est souverainiste

Dans les années 1990, les autorités russes ont tenté de s'opposer à l'intervention de l'UE dans la guerre en ex-Yougoslavie, notamment en 1999 quand l'UE a utilisé l'OTAN pour empêcher le gouvernement serbe de s'opposer par la force militaire à l'autodétermination du Kosovo. Dans les années 2000 et 2010, l'administration russe a cherché à déstabiliser les révolutions de couleur en Ukraine et en Géorgie et à saboter le rapprochement de ces deux pays avec l'UE, notamment par des occupations militaires (2008 en Géorgie, depuis 2014 en Ukraine). En Géorgie comme en Ukraine, l'armée russe soutient toujours deux républiques fantoches sécessionnistes. Une partie de l'Ukraine, la Crimée, a été annexée par la Fédération de Russie.

Cette annexion est emblématique de la politique étrangère de la Russie. La Russie aurait pu choisir de faire valoir son point de vue selon des modalités diplomatiques et avec des instruments juridiques. Les instances internationales de règlement des litiges frontaliers et d'évaluation de la pertinence du droit à l'autodétermination existent et fonctionnent avec efficacité et justice, dès lors qu'on les sollicite. La Russie aurait ainsi pu saisir l'ONU, l'OSCE ou le Conseil de l'Europe et s'en remettre à leur jugement. Elle a au contraire choisi de faire valoir unilatéralement son point de vue et de l'imposer par la force. La Russie est en effet un État qui entretient des instruments de puissance, non seulement pour pouvoir se défendre si elle était agressée ou menacée, non seulement pour intervenir militairement à l'étranger au nom d'une vision du monde, mais aussi pour intimider et faire pression sur des États frontaliers, comme ceux de la Baltique, et plus encore pour envahir des États voisins, comme la Géorgie et l'Ukraine et maintenir des troupes en Transnistrie, une région de Moldavie, en dépit des demandes du gouvernement de ce pays.

Il ne manque pas d'acteurs, dans les sphères politiques et intellectuelles des pays membres de l'UE, pour estimer justifié et légitime ce comportement, qu'ils se feraient fort de dénoncer et de condamner s'il caractérisait le comportement d'un des États membres de l'UE. La plupart du temps, les adeptes de cette bienveillance se méfient de la construction européenne, pour eux synonyme de perte d'indépendance et de souveraineté de l'État dont ils sont ressortissants. La Russie est comme devenue pour une partie de l'opinion eurosceptique le modèle d'un monde européen alternatif à la construction européenne : un monde européen structuré par des politiques de puissance, le rapport de force, et dans lequel la souveraineté de l'État est la clé de voûte. La Russie est un pôle pour ceux des Européens qui ont du monde une vision hobbesienne.

La Russie n'est pas aujourd'hui européenne

Cette posture sous-entend que la réponse à la question : « La Russie fait-elle partie de l'Europe ? » est : « Oui, évidemment, il n'y a qu'à voir la carte. » Le raisonnement est le suivant : la Russie étant bien entendu un pays européen, cette vision du monde schmittienne – ou souverainiste, comme on peut la qualifier avec Zaki Laïdi[2] – délégitime l'analyse selon laquelle la vision kantienne du monde et des relations entre les pays que pratique l'Union européenne est caractéristique de l'européanité. C'est pourtant l'inverse qui est exact : tant qu'elle est souverainiste et schmittienne, la Russie n'est pas européenne. Le dire est très important.

En effet, l'argument de la continuité continentale obscurcit le jugement et autorise à ne pas se demander quels sont les critères de l'européanité. Non seulement car, comme l'a montré Christian Grataloup, le découpage du Monde en continents est une invention et une convention, et surtout pas une donnée objective[3] ; mais aussi car il réduit en dernière instance le vouloir vivre ensemble européen à une essence immobile – que cette essence soit un *géographisme* (le continent), au détriment de l'espace et du territoire ; ou qu'elle soit un *historicisme* (la chrétienté), au détriment de la capacité de toute société à s'inventer en s'appropriant ce dont elle hérite et en remaniant ce qui lui est légué.

La Russie n'est pas européenne car son régime de souveraineté territoriale n'est pas du tout postnationaliste. La construction européenne, non seulement rend caduque le recours à la force et la représentation du territoire comme étant un objet de conquête ; mais elle mutualise pour partie la souveraineté territoriale. C'est concrètement ce que produit la supranationalité : chaque société est comptable des politiques publiques qui organisent le territoire de ses voisins, tandis qu'elle définit avec ses voisins et partenaires membres de l'association celles qui organisent le sien. C'est ce qu'exprime la fin du droit de veto, et le fait pour un État d'accepter à l'avance de mettre en œuvre des décisions prises à la majorité qualifiée. Dans la construction européenne, aucun territoire national n'est affecté d'une valeur supérieure à celles des autres territoires nationaux. Mais en Russie, si l'on en croit ses dirigeants, c'est toujours le cas. Pour ceux-ci, la Russie est à la fois un centre géopolitique et au sommet d'une hiérarchie. Symptomatiquement, le pouvoir russe, depuis que Vladimir Poutine y a accédé, dénie toute valeur au territoire de l'UE. Il ne reconnaît de valeur pratique et de principe qu'aux territoires des États membres. Pour l'actuelle société politique russe, le territoire est une réalité susceptible d'annexions, de conquêtes, de prises militaires, d'une action par la force plutôt que par l'échange. Des populations sont terrorisées, frappées par les destructions matérielles et la prise de contrôle de leurs espaces, tuées en tant que populations civiles. Dans le Caucase du Nord – tout particulièrement en Tchétchénie –, en Ukraine – tout particulièrement en Crimée, mais aussi dans le Donbass et tout l'Est –, la Russie met en œuvre une conception à la fois nationaliste et impérialiste du territoire. La Russie se vit comme une métropole, avec ses possessions.

La Russie est impérialiste

Dans le cas de la Russie, ces possessions sont non seulement à l'extérieur du territoire, mais aussi à l'intérieur. On y trouve en effet une société démographiquement et linguistiquement majoritaire dont procèdent, pour l'essentiel, les élites politiques et dont se réclame le pouvoir : les Russes. Ce groupe produit une représentation de ce qu'est son territoire – le territoire russe, le territoire de la Russie. Ceux qui contestent cette représentation au nom d'une autre conception territoriale sont accusés de déviance, d'hétérodoxie, et sommés de rentrer dans le rang : la délimitation du territoire russe ne peut pas faire l'objet de débat dans la sphère publique au sein de l'ensemble de la société dont il est l'espace. C'est un des traits de la sacralisation du territoire russe au sein de la société russe. Lorsque cette représentation est contestée politiquement, ou que l'impossible débat débouche sur une contestation armée dirigée contre l'armée russe, le pouvoir d'État russe fait la guerre pour écraser militairement et démographiquement toute conception alternative de la territorialité en Russie. Ce faisant, le pouvoir russe applique une conception impérialiste de la territorialité. Cette conception est à l'opposé de celle qui est à l'œuvre dans la construction du territoire européen.

Cette conception se décline donc aussi dans une continuité à l'extérieur des frontières de la Fédération de Russie. L'État russe détermine de façon unilatérale quels sont les territoires qui prolongent le territoire russe, doivent servir de glacis à ce dernier ou doivent lui être annexés. Cette détermination se fait au mépris du droit international et du principe de souveraineté territoriale… des autres pays. Dans la réalité opérationnelle, l'importance de ce principe est en fait relative : il ne vaut que pour les entités territoriales qui sont placées au sommet de la hiérarchie des valeurs nationalistes russes. Cette conception a été dévoilée par la guerre russo-géorgienne de 2008 et ses conséquences territoriales, à savoir la reconnaissance par la seule Russie de deux Républiques détachées de la Géorgie, l'Ossétie et l'Abkhazie. Elle l'est à nouveau par la guerre que la Russie mène dans l'est de l'Ukraine dont une portion du territoire, la Crimée, a été annexée au territoire russe. Dans les faits, l'Union européenne est bien plus respectueuse de la souveraineté territoriale – et ce à tous les échelons – que la Fédération de Russie, qui, bien peu fédérale, est à la fois très hiérarchisée, verticale et impériale.

Pour les Européens, être au clair sur la caractérisation de la Russie et sur leurs relations avec celle-ci est donc crucial. Si les Européens considéraient la Russie comme un pays voisin comme les autres, et comme un État avec lequel on peut s'entendre dans un cadre de coopération confiante parce que l'UE partage avec elle une frontière de près de 3 000 kilomètres, qu'elle importe du gaz russe en grande quantité – notamment pour ne pas s'approvisionner qu'en hydrocarbures des pays du golfe Persique – et que les mouvements islamistes terroristes sont un ennemi commun, ils mettraient en danger ce qui les constitue : une société fondée sur une pluralité territoriale, un pluralisme de centres de décision et d'échelons de déploiement des politiques publiques. Ce que précisément l'actuel pouvoir russe combat depuis deux décennies sur son territoire, c'est le pluralisme politique, le débat entre différentes façons de faire société et d'organiser le vouloir vivre ensemble, qui, loin de s'exclure, s'articulent les unes aux autres. C'est très différent de l'ersatz de pluralisme et de fédéralisme caractéristique de la Russie : il s'agit en fait de tolérer le multilinguisme, différentes expressions religieuses et l'organisation de la vie sociale selon des communautés culturelles. Il est cohérent que cet ensemble de représentations et de pratiques aille de pair, dans la sphère économique, avec la mise en place de monopoles et d'oligopoles, le népotisme et le clientélisme.

La Russie n'est pas un voisin comme les autres

C'est pourquoi les Européens devraient être beaucoup plus rigoureux dans leurs relations économiques avec les grandes entreprises russes, en particulier dans le secteur énergétique.

La Russie n'est pas un voisin comme les autres. Que des dirigeants politiques nationaux, comme Viktor Orbán en Hongrie et Matteo Salvini en Italie, plaident pour une politique conciliante avec la Russie de Poutine n'est pas une bonne nouvelle : il est important que les Hongrois et les Italiens, comme tous leurs concitoyens européens, puissent évaluer cet aspect du programme de leurs dirigeants. Et ce d'autant plus que l'administration russe finance généreusement les partis qui défendent cette ligne politique, et qui sont bien souvent des partis qui sont également des partis eurosceptiques, et des partis qui prônent l'érosion de l'État de droit et des libertés.

Aussi, il est hélas inexact de considérer que c'est parce que la Russie s'estimerait encerclée ou menacée qu'elle serait agressive et impérialiste. C'est au contraire la conception impérialiste et souverainiste du pouvoir russe qui provoque sa politique de morcellement des territoires ukrainiens et géorgiens, politique qu'elle utilise pour entraver l'entrée dans la construction européenne, non seulement de ces deux pays, mais de tous les pays de cet espace situé à l'est de l'UE et à l'ouest de la Fédération de Russie, intimidés qu'ils sont par ces précédents. C'est pour les mêmes raisons que la Russie viole régulièrement l'espace maritime, l'espace aérien et l'espace numérique des pays riverains de la Baltique membres de l'UE – qu'ils soient ou non membres de l'OTAN. Il est désormais prouvé que le pouvoir russe est intervenu massivement pour modifier le résultat de l'élection présidentielle américaine de 2016. Il est hautement probable qu'il agisse de différentes manières pour influencer les vies politiques britannique, italienne et française, comme en témoigne l'engagement de la chaîne francophone Russia Today aux côtés des Gilets jaunes. Dans les relations avec la Russie, l'union, la fermeté et la détermination sont des forces, pas des faiblesses.

CHAPITRE 12

Sortir du manichéisme migratoire

Le sort des migrants qui tentent de traverser la Méditerranée indigne à juste raison. Depuis 2011, on compte 11 000 morts.

Cet événement se trouve à la rencontre de trois réalités relativement distinctes : d'abord, la poursuite de situations de conflit ou de répression violente dans de nombreux pays d'Afrique subsaharienne, du Proche-Orient et d'Asie centrale ; ensuite, le chaos qui règne en Libye depuis la chute de Mouammar Kadhafi, qui a permis d'ouvrir à la migration vers l'Europe des routes à la fois plus accessibles et plus dangereuses ; enfin, le refus de plus en plus net des pays de l'Union européenne les plus proches, l'Italie en premier lieu, d'accueillir un flux important de personnes migrantes. Beaucoup demandent à bénéficier du droit d'asile, qui est accordé à ceux dont la vie est en danger dans leur pays. Une majorité des demandeurs n'est pas éligible au statut de réfugiés mais les requérants déboutés sont difficilement expulsables. En effet, la pratique de l'expulsion, inévitablement coercitive, indifférente à la situation délicate qui sera celle de la personne expulsée à son retour dans son pays de départ, entre en tension avec les valeurs de liberté et d'humanité dont se prévaut la construction européenne.

D'une façon générale, le fait que la mer Méditerranée soit devenue un cimetière pose de façon dramatique la question suivante : un État est-il légitime à accorder ou refuser à des ressortissants étrangers l'autorisation d'entrer et d'habiter sur son territoire ? Il en a le droit, certes, mais est-ce légitime ? L'envers de cette question se formule ainsi : une personne qui décide de migrer dans un pays est-elle légitime à le faire sans avoir obtenu l'autorisation de l'État dans lequel elle entre ? La protection accordée à tout réfugié par tout État où il se trouve étant un droit universel, déposer une demande d'asile permet, le temps de son instruction, de demeurer sur le territoire de l'État d'arrivée sans contrevenir à l'absence de visa. Toujours est-il que des dizaines de milliers de personnes entreprennent chaque année d'émigrer en Europe sans en avoir obtenu l'autorisation et traversent la Méditerranée dans des conditions très dangereuses pour leur vie, très coûteuses financièrement, tout en étant maltraitées et abusées par les organisations illégales de passeurs.

Les efforts des ONG humanitaires pour sauver les naufragés sont courageux, voire héroïques. Pour autant, ils sont critiqués par ceux qui considèrent que, *de facto*, ces organisations feraient plus que sauver les migrants en détresse : elles faciliteraient leur passage. En cela, elles seraient en opposition au droit des États comme de l'UE d'avoir une politique migratoire ; elles s'inscriraient aussi en faux avec les efforts fournis par l'Union européenne pour, d'une part, démanteler les filières de passeurs criminels et, d'autre part, instruire aussi près que possible de leur point de départ les demandes de visa et d'asile en Europe.

La solution est-elle inextricable ? Chacun reconnaît que l'ampleur des problèmes rend chaque État impuissant à réguler seul les flux migratoires qui le concernent. Peut-il y avoir une politique européenne des migrations ?

Une politique surtout illisible

Les faiblesses de l'action de l'Union européenne sont patentes : tout en déplorant la catastrophe humanitaire, elle n'a pas su faire le nécessaire pour l'arrêter en Méditerranée et, plus généralement, elle n'a pas pris de mesures claires dans le sens des principes qu'elle affiche. Comment expliquer cette situation ?

La réponse est d'autant moins évidente que l'Union européenne s'est lancée dans un vaste processus d'harmonisation de ses principes d'action et s'est progressivement dotée de moyens non négligeables.

Le Régime d'asile européen commun (RAEC), révisé en 2013, unifie et conforte les droits des demandeurs d'asile. Le règlement de Dublin, lui, assigne à l'État de première entrée sur le territoire de l'UE l'obligation d'instruire le dossier des personnes ayant migré dans l'Union européenne. Dénoncé par différents acteurs, notamment car il repose sur un fichage informatique très perfectionné, le SIS, ce règlement, a été conçu pour éviter qu'une personne puisse mettre les systèmes d'accueil nationaux en concurrence. L'uniformisation des permis de séjour, des permis de travail, des visas, des procédures de regroupement familial ou des séjours d'étude sont également à l'œuvre au sein de l'UE. Le tout participe d'une harmonisation des législations nationales et de l'émergence d'une politique migratoire européenne commune.

Cette harmonisation est plus compliquée à appliquer que dans d'autres domaines. En effet, l'attribution d'un permis d'entrée et de séjour aux ressortissants étrangers, comme la définition des règles d'acquisition de la nationalité, est une des prérogatives les plus emblématiques de l'État-nation contemporain. Toutefois, les États européens, répondant à la demande sociale de leurs concitoyens, ont décidé depuis trente ans d'organiser la libre circulation des habitants de l'UE sur tout son territoire et de permettre à tout ressortissant d'un État de l'UE de s'installer librement dans tout autre pays de l'UE. Cet espace de libre circulation et de libre habitation, auquel les Européens sont très attachés, contraint les États de l'UE à s'accorder sur une politique migratoire commune. Or les États tiennent d'autant plus à cette prérogative que les histoires et les politiques migratoires sont très différentes d'un pays européen à l'autre. C'est dans ce cadre que, depuis les grands départs de Syrie et les traversées massives de la Méditerranée au départ de la Libye en 2014-2016, l'UE a également pris des décisions qui convergent pour empêcher des migrants de mettre le pied sur le sol européen avant de savoir s'ils peuvent bénéficier du droit d'asile ou, s'ils sont déjà sur place ou si leur demande est rejetée, de leur offrir une aide au retour pour repartir chez eux. Outre le renforcement du contrôle aux frontières (Frontex, système Eurosur), l'accord avec la Turquie portant sur les réfugiés syriens de 2016 a été dans son principe généralisé par la notion de *hot spot* soit au point d'arrivée en Europe, en Italie et en Grèce, soit hors de l'UE en Libye et en Afrique subsaharienne afin d'éviter aux candidats à la migration des routes dangereuses et de dissuader de partir ceux qui n'ont pas droit au statut de réfugié. Le renforcement du réseau des officiers de liaison chargés de l'immigration (OLI), présent dans une centaine de pays, a pour but de mettre en cohérence la réponse aux demandes de migration venant de pays d'Afrique et d'Asie ou passant par eux.

Tout est loin d'être négatif dans cet ensemble d'actions et, en tout cas, les flux ont très nettement baissé depuis le pic de 1 250 000 demandes d'asile en 2015 (quatre fois moins en 2018). Les mesures mises en place sont à la fois pragmatiques (éviter l'afflux de personnes à qui le droit d'asile est refusé mais qui, en pratique, ne peuvent pas être expulsées ; protéger celles ayant un projet migratoire des mafias criminelles de passeurs ; s'assurer d'avoir des partenaires fiables en Libye) et cohérentes avec les principes de séparation entre réfugiés et migrants volontaires.

La mise en œuvre de ces actions pose pourtant de nombreux problèmes. D'abord, les conditions de vie des requérants dans les *hotspots* et les centres de rétention sont jugées indignes par les ONG spécialisées. La situation déplorable qui a été constatée dans plusieurs camps dans les îles grecques et en Libye donne clairement l'impression que les mauvais traitements font partie d'une politique visant à dissuader de migrer. Ensuite, les pays de première arrivée manquent de moyens pour enregistrer et accueillir les personnes migrantes. Ils se plaignent que l'UE ne les aide pas suffisamment dans ces actions qu'ils effectuent au nom de l'UE pour tous les Européens. Enfin, la décision adoptée à la majorité qualifiée de répartir les réfugiés sur tout le territoire de l'UE pour que tous les États membres participent à leur accueil s'est heurtée au refus de plusieurs d'entre eux, ceux du groupe de Visegrad (Hongrie, Pologne, République tchèque, Slovaquie) tout particulièrement. Instrumentalisée, cette thématique est devenue centrale dans le discours de la droite tribunitienne et a servi d'argument pour remettre en cause le principe même d'ouverture des frontières à la libre circulation des personnes par plusieurs pays de l'espace Schengen (France, Allemagne, Autriche,

Danemark, Suède, Norvège et, plus ponctuellement, Belgique, Italie, Malte, Pologne et République tchèque).

Se mêlent dans la réprobation des arguments de divers ordres : manque de réactivité, manque d'humanité, manque d'efficacité. La mise en place inévitablement progressive d'une politique supranationale là où les États dominaient jusqu'ici la scène entre en collision avec l'urgence des souffrances et des problèmes. Comme dans d'autres domaines, ceux qui trouvent que l'Europe en fait trop voisinent avec ceux qui considèrent qu'elle n'en fait pas assez. En fait, l'ampleur de ces flux doit d'autant plus être relativisée que l'Europe est loin d'être l'une des plus grandes destinations de la planète migratoire. Sur 512 millions d'habitants, l'UE compte 22 millions de ressortissants non européens, soit 4 %, dont un quart résident en Allemagne. Aux États-Unis, cette proportion est de 13 %. Quant aux réfugiés, l'UE en accueille beaucoup moins que d'autres pays qui sont aussi tout aussi proches qu'elle de zones de crise.

En fin de compte, la question migratoire prend une tonalité particulière en raison de son caractère extrêmement clivant :

1. Les États européens ne sont pas d'accord entre eux sur le sujet, certains remettant en cause le droit d'asile quand d'autres le réaffirment ; certains demandant davantage de présence européenne aux frontières, d'autres la récusent.
2. À toutes les échelles, les citoyens européens divergent entre plusieurs attitudes (rejet de tous les migrants, accueil de tous les migrants, différenciation selon les types de migration), chacune d'elles étant chargée d'une forte dimension émotionnelle et renvoyant à des valeurs interprétées de manières diverses : hospitalité, citoyenneté, droits de l'homme, État de droit…

3. Les mesures communes renforcent et mettent en cohérence l'action européenne mais, compte tenu du désastre de la séquence précédente, elles ne sont pas mises au crédit de l'UE, qui est accusée d'agir trop tard et de se cacher les problèmes de fond plutôt que de les résoudre.
4. Les mouvements migratoires, en agglomérant des déplacements effectués sous contrainte et des expatriations volontaires qui mériteraient d'être analysées avec la complexité nécessaire, contribuent par eux-mêmes à la confusion.

Comme on le voit, les contradictions se trouvent à la fois dans l'Union européenne et dans le phénomène migratoire lui-même.

Une partie du problème vient du caractère fortement émotionnel des prises de position, qui semblent se réduire à deux thèses incompatibles. D'un côté, on observe une posture réactionnaire qui, au nom de la préservation des identités nationales, prétend ignorer le droit international protégeant les réfugiés. Cette attitude se rencontre surtout dans l'extrême droite et les mouvements populistes à base identitaire qui assument leur égoïsme au nom de la défense d'une « civilisation européenne » dont ils se prévalent pour détourner les valeurs de la construction européenne au profit de leur xénophobie. De l'autre, au nom de l'attention aux pauvres, toutes les migrations internationales devraient être acceptées comme inéluctables et bénéfiques. C'est l'autre versant du populisme, soutenu par l'extrême gauche et l'Église catholique, qui cherche à créer un sentiment de culpabilité des Européens face à la souffrance des migrants. En fait, dans les deux cas, sur la base de principes qui se situeraient en amont du politique, ce sont l'État de droit, la construction légitime par les citoyens de politiques publiques cohérentes et le projet d'un progrès partagé qui sont refusés. Dans un cas, ce sont des normes qui l'emportent sur les valeurs, dans l'autre, ce sont des injonctions morales caritatives qui prennent le pas sur une démarche éthique intégratrice. L'apaisement du débat que permettrait une orientation vers la solution des problèmes plutôt qu'une montée affective aux extrêmes reste encore à venir.

Les « vases communicants » : un modèle fragile

Cela résulte du fait que l'univers des migrations est à la fois davantage complexe et davantage maîtrisable que ce que ces deux courants, qui se nourrissent mutuellement de leur radicalité simplificatrice, ne le laissent à penser.

Les « identitaires » et les « caritatifs » se retrouvent sur la croyance en un modèle des « vases communicants » : les pauvres tendraient à se déverser mécaniquement dans les pays riches. Or ce modèle n'est pas solidement établi. D'abord les migrations internationales représentent, avec 3 % environ des habitants de la planète vivant hors de leur pays d'origine, un phénomène limité et bien moins massif que les migrations internes à chaque pays. En outre, l'immense majorité des migrants des pays pauvres se dirigent vers d'autres pays pauvres et les pays riches, y compris ceux qui sont attractifs, émettent aussi des flux d'émigration non négligeables. Par exemple, la France a eu un solde migratoire quasi nul ces dernières années : c'est aussi un espace répulsif pour un nombre significatif de ses habitants.

En outre, dans les sociétés d'où partent les personnes migrantes, ce ne sont pas les plus démunies en capital social qui sont concernés. La réussite d'un mouvement migratoire suppose, dans un contexte de sociétés globalement très pauvres, un projet clair, le plus souvent collectif, ce qui implique une bonne insertion dans la société de départ ; un capital économique non négligeable (se rendre sans autorisation d'Afrique de l'Ouest en Europe coûte plusieurs milliers d'euros) ; un capital spatial substantiel comprenant les compétences nécessaires pour effectuer le voyage et de bons réseaux au point d'arrivée. Dans la plupart des cas, l'existence d'une culture migratoire forte, comme dans la région de Cayes au Mali ou dans la province du Fujian en Chine, constitue un paramètre décisif qui, bien plus que le niveau de revenu, différencie les lieux d'émigration. De ces logiques complexes, il résulte, de façon contre-intuitive, que le taux de migration augmente plutôt, dans un premier temps, lorsque le niveau de vie moyen augmente. Ainsi, dans une controverse française récente[1], les deux protagonistes s'opposaient sur le volume des migrations à prévoir dans les prochaines décennies, mais convergeaient pour considérer que les progrès de l'Afrique saharienne auraient dans l'ensemble tendance à intensifier la propension de ses habitants à émigrer.

Considérons enfin les causes de la migration spécifique qui est celle de la menace pour sa vie conduisant à l'exil – les réfugiés demandeurs d'asile. En Afrique subsaharienne, si les principaux foyers de violence (Corne de l'Afrique, Grands Lacs) sont toujours présents, l'intensité de celle-ci y est nettement plus faible que dans les années 1990-2010. Le terrorisme djihadiste qui focalise tant l'attention est toutefois contenu à quelques régions sahéliennes relativement peu peuplées. Enfin, en Afrique de l'Ouest, les grands conflits meurtriers (Liberia, Sierra Leone) ont fait place au retour de la paix. Il y a certes de terribles exceptions, comme la guerre civile en RDC et, hors d'Afrique, en Syrie (plus de 500 000 morts depuis 2011) et en Afghanistan (en guerre sans interruption depuis 1979). Toutefois, dans l'ensemble du Monde, les conflits sont tendanciellement moins nombreux et moins meurtriers depuis les années 1990[2], dans un contexte où, non sans rapport, la faim et la pauvreté sont en recul[3].

Tout cela permet de dire que les migrations de la peur et de la misère ne sont pas fatales. Le meilleur antidote en est le développement des pays d'origine. Celui-ci passe par le rejet des différentes formes de « Françafrique » que caractérise l'aide apportée par les anciennes puissances coloniales aux dictateurs prédateurs de leur propre société. Il faut se déprendre de l'illusion d'une Eurafrique postcoloniale apparemment généreuse mais qui maintiendrait les anciens flux de dépendance par le biais d'une aide publique au développement captée par les États au lieu de bénéficier aux sociétés. L'ouverture des frontières à la migration n'est qu'un aspect, pas forcément le plus efficace, d'une véritable politique d'aide au développement, conçue en intégrant deux leçons du passé. La première est que l'aide publique interétatique a eu souvent pour effet d'enrichir des dictateurs corrompus au lieu de soutenir les acteurs effectifs de la dynamique sociale. La seconde réside dans le fait que le milliard et demi de personnes qui sont sorties du sous-développement depuis cinquante ans ne le doivent ni à la migration ni à des financements extérieurs, mais à leur capacité propre à mobiliser des énergies sur une stratégie cohérente – ce qu'on peut appeler le développement endogène. C'est là que l'Union européenne, qui n'a pas de passé colonial, pourrait intervenir en encourageant les acteurs civils locaux à construire des projets utiles.

Cette perspective n'implique donc pas une fermeture mécanique des frontières aux mouvements migratoires, mais une coconstruction des politiques migratoires avec les pays de départ et, surtout, une vision d'ensemble de la question du développement.

Poser clairement les problèmes pour les résoudre

Autant il est inadmissible et même absurde de refuser le droit d'asile par principe aux « non-chrétiens », d'ailleurs peu nombreux, qui souhaitent se rendre en Hongrie ou en Tchéquie, autant il est tout à fait légitime que les Européens définissent une politique migratoire souveraine qui, indépendamment de l'accueil inconditionnel des réfugiés, fixe un nombre de personnes à accueillir et des critères pour définir les profils souhaités. Cela implique de distinguer les déplacements vitaux (demandeurs d'asile, réfugiés fuyant des zones de combat) des mouvements volontaires (migrants « économiques »).

L'argument selon lequel cette distinction n'est pas pertinente ne tient pas. Dans les deux cas, il y a certes un désir commun de quitter son pays d'origine pour se rendre dans un autre supposé propice à une vie meilleure. Cependant, en cas de migration choisie, il s'agit d'un arbitrage parmi d'autres et le débat devient possible entre tous les acteurs du processus migratoire. Le changement de pays peut être considéré comme positif (allégement de la pression sociale dans le pays de départ, apport d'une main-d'œuvre disponible et d'un enrichissement culturel dans le pays d'arrivée). Il peut aussi être vu comme négatif par la société d'origine (perte de ressources humaines pour le développement, création d'une dépendance aux flux d'argent envoyés par les émigrés) ou par le pays d'accueil (pression à la baisse des salaires, arrivée d'une main-d'œuvre peu qualifiée qui retarde les modernisations de l'appareil productif, accroissement de la pauvreté).

Le droit d'asile est un *droit*, qui n'élimine ni les autres droits ni l'État de droit en général. Par ailleurs, la mise en œuvre de ce droit pose un problème délicat : comment faire en sorte que ceux qui n'en sont pas bénéficiaires ne se muent pas, si cette demande est rejetée, en migrants en situation irrégulière ?

L'idée de créer des dispositifs permettant à tous ceux qui veulent s'installer en Europe de présenter leur demande aussi près que possible du point de départ, soit dans leur pays d'origine, soit dans le premier pays sûr, est tout à fait logique et n'a rien de discriminatoire. Cela permettrait d'assurer un acheminement sûr et digne pour ceux dont la demande serait acceptée, de casser les filières criminelles des passeurs, de ne pas engendrer de faux espoirs pour les autres et de ne pas créer le sentiment, chez les Européens, que leurs choix sont battus en brèche par des personnes qui agissent de manière unilatérale en étant peu regardantes sur le droit, ce qui augurerait mal de leur futur statut de citoyens.

En même temps, les Européens gagneraient aussi à changer le regard qu'ils portent sur les personnes migrantes déjà là et dont l'autorisation de séjour a expiré – c'est le cas de ressortissants non européens entrés dans l'UE avec un visa de touriste, d'étudiant ou de travailleur saisonnier. De nombreux travaux de sciences sociales tendent à démontrer que les migrations dessinent aujourd'hui des espaces de circulation migratoire. Rares sont les personnes migrantes qui quittent leur pays avec le projet de s'installer définitivement ou pour des décennies dans un autre pays. L'entrée dans l'illégalité d'un séjour sans autorisation est souvent provoquée par la certitude que, une fois sorti du pays d'accueil lors de l'expiration de son visa, il ne sera plus possible d'y revenir. Il faudrait inventer des visas et des permis de séjour incluant par exemple la possibilité de trouver un travail dans les six ou neuf mois qui suivent cette expiration, adaptés au fait qu'un étudiant ou un travailleur saisonnier peut être amené à construire un parcours de vie d'allers et retours entre son pays et celui où il a étudié ou travaillé. L'aspect brutal et figé des actuelles autorisations de séjour ne correspond pas aux parcours de vie réels. Il serait en tout cas funeste pour la cohérence des Européens avec leurs valeurs de prolonger durablement une situation dans laquelle des centaines de milliers de personnes se trouvant soit dans l'illégalité, soit en rétention deviennent des habitants de seconde zone. Le risque est d'éroder l'État de droit et de banaliser les traitements d'exception.

Des principes, des questions, un débat

Tout cela mérite discussion. Le débat sur la justice spatiale de la migration et, en général, des mobilités (droit d'aller et venir, exploration des lieux, périurbanisation, tourisme destructeur, etc.) devrait être relancé à grande échelle en définissant un cadre migratoire entre l'Europe et le reste du Monde ainsi qu'à l'intérieur de l'Europe, où les situations sont différenciées et souvent complémentaires.

Le principe fondamental consiste à traiter les migrants comme des humains sans restriction, avec des droits et des devoirs, et non comme des choses ou comme des êtres confinés dans l'univers des causes.

On pourra alors faire un bilan précis des avantages et des inconvénients, pour les trois acteurs principaux (sociétés de départ, sociétés d'arrivée, migrants), des divers processus migratoires.

Il ne fait pas de doute qu'un vaste débat citoyen sur les principes d'une politique migratoire juste mériterait d'être mené dans l'ensemble de la société européenne en tirant parti de toutes les ressources de la démocratie interactive. Le Parlement européen collecterait les résultats de ce débat et mènerait une délibération publique en pleine visibilité, émettant à la fin un énoncé clair en direction de l'exécutif.

CHAPITRE 13

Le laboratoire d'un monde habitable

Lors du mouvement des Gilets jaunes français, un photographe de presse prit un malin plaisir à immortaliser la destruction d'un drapeau européen par les manifestants. Pourtant, le lieu – un rond-point – comme le vêtement – un gilet jaune – emblématiques de leur mouvement signalent au quotidien tant leur condition d'habitants de l'Union européenne que l'inscription de celle-ci dans leurs vies. Voyons ce qui nous permet d'affirmer cela.

L'UE rend l'Europe plus habitable avec un État léger

De l'Union européenne, il n'est vraiment pas rare qu'on se demande à quoi elle sert et ce qu'elle apporte à ses habitants. Il est vrai que ce dont les dirigeants des pays s'occupent ensemble à Bruxelles passionne rarement les gens au point de les mobiliser en grand nombre. En effet, ce n'est pas à l'échelle de l'UE que s'inventent les politiques sur l'éducation des enfants et des adolescents, le montant des indemnités chômage et des prestations sociales, la législation sur les contrats de travail, la fiscalité, le pouvoir d'achat, l'âge de départ à la retraite, les règles d'acquisition de la nationalité, les programmes scolaires... L'UE doit le plus souvent se contenter de promouvoir des actions qui touchent un nombre restreint de bénéficiaires, comme Erasmus, le célèbre programme de mobilité étudiante. Quand Bruxelles peut mettre en avant des actions qui concernent un très grand nombre d'habitants, il ne s'agit, pour l'essentiel, que de cofinancements de l'UE dans la réalisation d'infrastructures de communication, notamment routières – et particulièrement les fameux ronds-points. Si leur apport à la réduction des accidents de la route et de la pollution atmosphérique n'est plus à démontrer, cela ne peut suffire à convaincre ceux de nos concitoyens qui doutent que la construction européenne peut faire pour eux autant que ce qu'ils attendent de leur pays.

À y regarder de près, toutefois, cette empreinte de l'UE dans l'habitation de l'Europe par les Européens tient moins aux financements qu'aux règles et aux normes, moins aux ronds-points qu'aux gilets jaunes authentiquement visibles et réfléchissants que chaque automobiliste européen doit posséder dans son véhicule. En cas de panne, ou d'accident, tout automobiliste sera clairement et distinctement, non seulement vu de loin, mais aussi identifié, sur tout le territoire de l'UE, comme une personne à dépanner.

L'Union européenne est ainsi un État très léger quant à son poids budgétaire et à son nombre de fonctionnaires. Mais elle institue la société européenne. Elle lui donne corps par ses normes et sa production juridique. Celles-ci rendent progressivement les individus habitant sur son territoire de plus en plus interdépendants les uns des autres, sans porter atteinte à leurs appartenances à leurs sociétés nationales respectives. Mais cette empreinte normative, malgré son importance dans ce qui fait société, n'est guère plus sexy que le cofinancement d'infrastructures.

Les Européens ont pourtant le sentiment diffus que ce qui fait d'eux une société au sein du Monde est devenu plus important que ce en quoi ils diffèrent comme communautés nationales dans l'espace européen, y compris pour continuer d'exister en tant que communautés nationales. L'attachement à l'euro, en dépit des faiblesses et des lacunes de l'Union économique et monétaire, en est le témoignage paradoxal. Les promoteurs de l'euro insistaient sur le fait que la monnaie commune renforcerait le sentiment d'appartenance à une communauté citoyenne, une communauté de vie et d'habitat. Le fait est que même les citoyens séduits par les partis nationalistes et le communautarisme n'envisagent pas le retour à leur monnaie nationale du XXe siècle. Peut-être est-ce par intérêt bien compris davantage que par idéalisme… Mais cela conforte le fait que l'existence d'une société européenne tissée par l'interdépendance et une communauté de destin s'est imposée même au sein de ceux des habitants d'Europe pour qui le nationalisme demeure une allégeance mobilisatrice.

La PAC, un laboratoire de la société européenne

La place de l'agriculture permet de le comprendre. Dès l'origine, la construction européenne s'est souciée de l'agriculture. Assurer l'indépendance alimentaire, voire la souveraineté alimentaire, a été d'emblée conçu comme une tâche stratégique commune – à la différence, par exemple, de la construction des systèmes de protection sociale.

Ce faisant, la construction européenne s'inscrit dans une histoire de très longue durée. En effet, d'une part, les Européens ont en commun d'être de très anciennes sociétés agricoles, économiquement comme culturellement ; d'autre part, les États européens ont progressivement pris l'habitude de contrôler la production agricole – pour nourrir les villes, et pour trouver les ressources fiscales nécessaires à leur essor[1]. Les politiques publiques agricoles ont été, dans le passé des Européens, des signes de la souveraineté étatique à différentes échelles. Cette tradition a été réinvestie par les États membres dans la territorialité européenne.

La Politique agricole commune (PAC) a donc été conçue pour accompagner la modernisation de l'agriculture sans dépeupler les campagnes ni renoncer aux traditions et aux origines agricoles de la société : la PAC a ainsi tempéré l'exode rural. Comparée à un État-nation aussi ancien qu'elle, comme la Grande-Bretagne, ou à une puissance agricole de même catégorie qu'elle, comme les États-Unis, la France a maintenu tout au long de ces dernières décennies un taux de population active agricole remarquablement élevé, allant de pair avec une surface moyenne des exploitations remarquablement modeste.

De façon contre-intuitive, pour avoir une idée de ce que seraient les campagnes *sans* la PAC, il suffit de considérer le Royaume-Uni dont la société et les dirigeants, dès le XVIIIe siècle, ont fait le choix, dans le cadre d'une vision de la spécialisation à l'échelle mondiale, de « sacrifier » leur agriculture au profit de l'industrie, puis de la finance, et de banaliser et d'uniformiser leurs campagnes.

Cependant, dans les années 1960, le choix européen a pris une forme bien particulière qui paraît aujourd'hui une aberration au fur et à mesure qu'on en découvre les très graves conséquences sur l'environnement, la biodiversité et la santé. En ne favorisant pas l'agriculture extensive par le regroupement en immenses exploitations, la PAC a mis l'accent sur l'agriculture intensive soutenue par l'utilisation sans nuances de la chimie pour produire de grandes quantités et promouvoir – remettons-nous dans le contexte des années 1960 – une diversité alimentaire alors nouvelle.

Ce faisant, les Européens ont délibérément ignoré la possibilité d'atteindre les mêmes objectifs par la Révolution verte telle qu'ils la promouvaient dans les pays du « tiers-monde ». Ainsi, au même moment, l'Inde sortait de la famine et de la pénurie par une révolution agronomique combinant, d'une part, les acquis de la première révolution agricole européenne du XVIIIe siècle et, d'autre part, la production d'aliments plus résistants par hybridation et sélection grâce aux progrès de la recherche scientifique agronomique et biologique. Les Européens choisirent de recourir massivement aux engrais de synthèse et aux pesticides – dans un mouvement qui relève davantage de l'habitude contractée depuis la révolution industrielle et la Première Guerre mondiale d'accorder au secteur de l'industrie chimique et aux écoles d'ingénieurs une place centrale dans le développement et l'activité économiques.

D'autant que, à l'inverse des dispositifs de financement fondés sur le projet, le contrôle de l'usage des fonds, l'évaluation et le cofinancement – toute une culture que l'UE a beaucoup contribué à diffuser dans les politiques publiques nationales de ses membres –, la PAC appartient à un système archaïque où l'action publique n'est nullement un levier d'innovation et de justice, mais un assistanat corporatiste qui crée de puissants phénomènes de rente.

Alors même que le conservatisme syndical dominant a retardé ce constat, tout particulièrement en France, on prend conscience aujourd'hui qu'il est possible de produire autant et bien mieux sans recours aux intrants chimiques.

Promu par les dirigeants français, le transfert au niveau européen des politiques agricoles fut motivé par l'impératif de l'indépendance et de la sécurité alimentaires de chacun des États membres. Cependant, dans le même mouvement, la PAC fut pour la France le moyen de chercher à conserver, en les actualisant, deux particularités héritées du passé : le poids des campagnes dans son imaginaire politique national et le mercantilisme. Sur la durée, cette arrière-pensée n'a toutefois pas permis à la France de profiter pleinement du levier de l'européanisation. Avec la mobilité privée, l'agriculture est le domaine où les résistances à une mutation culturelle vers une production durable sont les plus fortes car on touche ici à des dimensions identitaires très ancrées dans les sociétés.

Les Français font de la résistance… et jouent contre eux !

Les dirigeants français contemporains ont mis à profit la construction européenne pour remodeler de fond en comble les structures agricoles françaises et maintenir le rôle historique de la production agricole, en particulier céréalière. Il en résulte aujourd'hui une spécialisation et surtout une concentration accrues des espaces agricoles. Le Bassin parisien, grenier à blé de la France depuis l'Ancien Régime, est devenu le grenier à blé de la CEE puis de l'UE et un grand producteur mondial de céréales.

Dans un contexte où la France dictait largement ses orientations à la Communauté, la PAC fut tout simplement une manière de faire financer par les autres pays la plus grande part du soutien financier aux agriculteurs français. Comme il s'agissait d'une politique européenne, cela contribua à installer sur le continent une situation absurde : une agriculture prospère mais pourtant massivement subventionnée, créant une branche administrée, les agriculteurs devenant, pour l'essentiel de leurs revenus, des fonctionnaires de l'Union européenne. Cela retarda les innovations et, en maintenant sous perfusion des exploitations non viables, contribua à affaiblir les agriculteurs face aux autres acteurs de l'agroalimentaire, désormais très concentrés et bénéficiant du « ruissellement » de cette masse d'argent public.

Avec la construction de l'Europe, la France est devenue, à ce prix, une puissance agricole mondiale – ce qui, au XXIe siècle plus encore qu'au XXe, contribue à en faire une puissance moyenne à capacité mondiale. « Le commerce extérieur amène la richesse, la richesse amène la puissance, la puissance protège notre commerce et notre religion », écrivait au XVIIe siècle Josiah Child, l'une des figures du mercantilisme (*New Discourse of Trade*, 1668). Dans le cadre de la construction européenne, la France a ainsi utilisé son agriculture comme pilier de son commerce extérieur. Toutefois, cette stratégie politique est en contradiction avec l'autre objectif spécifiquement français visé à travers la PAC : la conservation d'un monde agricole classique de petites exploitations familiales d'agriculteurs propriétaires cristallisé par la Révolution française et sacralisé par la IIIe République. Cette contradiction explique pour partie les aspects irrationnels de la PAC originelle.

Aujourd'hui encore, avec ses 56 milliards d'euros dépensés chaque année, la PAC représente 37 % du budget de l'UE mais ne bénéficie, à l'échelle des Vingt-Huit, qu'à 5 % de sa population, qui ne contribuent que pour 1,5 % au PIB de l'Union. Depuis vingt ans, à la faveur des réformes de la PAC dont les corporations dominantes de l'agriculture française refusent d'être les fers de lance, le syndicat français FNSEA en tête, cette contradiction a éclaté au grand jour.

Pour en sortir, il faudrait donner à l'ensemble des Français, et non au seul corporatisme agricole, la possibilité de choisir d'insérer « leurs » campagnes dans une des deux branches de l'alternative que structure dorénavant la PAC pour tous les Européens : une agriculture de production de masse qui vise l'exportation en grandes quantités de denrées, c'est-à-dire de matières premières agricoles brutes ou relativement peu transformées, sur un marché mondial très concurrentiel ; et une marqueterie de produits transformés fabriqués en relativement petites quantités pour des marchés spécifiques, plutôt de proximité, mais pas seulement. Pour imager : alors qu'il n'y a définitivement plus de place pour les filières porcines et avicoles bretonnes, il convient de choisir entre la Beauce et la Bourgogne.

Cependant, le type « Beauce » n'est déjà plus vraiment une option. Sur le marché mondial, les immenses exploitations extensives d'Amérique du Nord ou du Sud sont mieux placées, tant en qualité qu'en quantité. À moins de regrouper la céréaliculture beauceronne en une dizaine d'exploitations de 2 000 à 3 000 hectares chacune, la « grande » céréaliculture française ne gardera son « rang » et une fonction européenne qu'en basculant dans l'agriculture biologique et l'approvisionnement des marchés spécifiques, par la démocratisation de la qualité et de la préservation de la santé alimentaire comme de l'environnement.

Dans l'UE à vingt-sept – à laquelle pourrait bien adhérer un jour l'Ukraine –, l'avenir de l'agriculture de masse s'écrit déjà dans les anciens pays d'Europe de l'Est, dont les immenses exploitations soviétiques ont été reconverties. Toutes productions confondues, les exploitations de 1 à 400 hectares devront d'abord leur compétitivité et leur succès à leur capacité à répondre à la demande de qualité et de bonne santé – tant de la Terre que des humains –, une demande croissante depuis une génération dans la société européenne. L'UE est parvenue à organiser une grande spécialisation, non pas entre cultures, mais entre des régions agricoles et des régions qui ne le sont pas. Dans ce cadre, l'Europe incite clairement ces régions et les producteurs qui les constituent à choisir entre l'agriculture de niche et l'agriculture de denrées, l'une comme l'autre devant s'éloigner du productivisme porté par l'industrie chimique. On le voit bien : agriculture de masse dans les grandes plaines de l'Europe orientale, production de terroir dans l'Europe du Sud.

Pour accélérer cette mutation, l'argent public est le bienvenu. Jusqu'à présent, la PAC a dans l'ensemble conforté l'existant, en visant surtout à augmenter les volumes produits et en rémunérant directement les agriculteurs, sans poser, sauf à la marge[2], de conditions de qualité écologique, sanitaire ou alimentaire pour ces subventions. La PAC est enfin une aide protectionniste à l'exportation, qui, en subventionnant les produits européens, permet à ceux-ci d'être vendus à bas prix, ce qui crée une concurrence déloyale vis-à-vis des pays en développement, bloquant en pratique à leur agriculture l'accès au marché mondial. Dans le budget de l'UE pour les années 2021-2027, la Commission européenne propose d'affecter à la PAC 365 milliards d'euros sur sept ans. C'est encore considérable, mais pourquoi pas, si c'est bien pour assurer à tous les Européens une alimentation de qualité, répondre aux exigences de santé publique et aux défis de la préservation des environnements naturels. La PAC peut et doit être une solution, et pas une partie du problème. Il faut la transformer en profondeur, par des incitations puissantes, ciblées et rigoureuses au changement des pratiques. C'est ce que propose, avec prudence, le projet de budget, notamment en connectant la PAC au programme écologique LIFE et en ayant le courage de proposer une baisse de 3,8 % en euros courants des versements directs aux exploitations agricoles.

La société européenne défend la qualité de l'alimentation

Le passage progressif, et à accélérer, d'une politique publique agricole de type industriel à une politique publique agricole respectueuse de l'environnement, de la qualité, de la santé et du goût est le fait de l'Union européenne en tant que telle. De même, c'est bien à l'échelle de l'UE qu'on est désormais attentif au fait de limiter la surproduction et de ne pas favoriser les gros producteurs déjà très insérés sur les marchés mondiaux. L'utilisation particulière de la PAC par les dirigeants politiques et syndicaux agricoles français en a voilé l'esprit et la dynamique.

C'est pourquoi, compte tenu de la pression que subissent les gouvernements nationaux, la Commission peut bien accepter une renationalisation partielle de l'usage des fonds, en donnant aux États de nouvelles marges de manœuvre. En contrepartie, il est logique que les budgets nationaux contribuent davantage au cofinancement du secteur : si vraiment les États membres choisissent de céder aux lobbies agricoles, ce n'est pas aux contribuables européens, français compris, de les y encourager, d'où cette baisse modérée des versements directs aux exploitants.

Aujourd'hui, la PAC met donc le consommateur au centre du dispositif : c'est pour lui qu'on produit. En France surtout, les pouvoirs publics et les organisations agricoles comme la FNSEA ont considéré jusqu'à une date très récente que c'était le producteur qui était au centre, que le consommateur devait s'adapter à ses habitudes et que la puissance publique devait compenser l'éventuelle inadéquation en sa faveur. C'est sans nul doute les résidus d'une forme de clientélisme héritée de la IIIe République, quand il s'est agi d'attacher à la démocratie le monde rural qui avait plébiscité Louis-Napoléon Bonaparte au détriment de la IIe République. Il en reste une paresse des acteurs politiques, qui ne veulent pas braquer, aujourd'hui encore, les agriculteurs, dont l'influence politique est disproportionnée par rapport à leur poids dans la population active et la société.

C'est ainsi qu'on a vu le gouvernement français nommé par Emmanuel Macron à la suite des élections de 2017, se conformant aux habitudes courantes depuis des décennies (communiqué du 2 mai 2018 du ministre français de l'Agriculture et de l'Alimentation), qualifier le budget 2021-2027 présenté par la Commission d'« inacceptable ». Précédemment, le gouvernement de François Hollande et son ministre Stéphane Le Foll ont pour partie réussi à saborder en France le soutien apporté par l'Europe à la transition vers l'agriculture bio en ne versant pas, durant trois longues années, les crédits européens dédiés aux agriculteurs français s'engageant dans cette transition. La FNSEA a résisté le plus longtemps possible à cette transition, y compris en cherchant à lui substituer le concept d'agriculture raisonnée. Les chambres d'agriculture, censées favoriser la diffusion des nouvelles techniques et le transfert technologique, portent elles aussi une lourde responsabilité dans cette tentative de sabotage, dans cette résistance au changement pourtant portée par toute la société européenne.

L'Europe des origines avait fait le pari de soutenir une première transition, une transition vers l'indépendance voire la souveraineté alimentaire ; elle le tente à nouveau, avec un certain succès, en direction de l'agriculture biologique. Mais les corporatismes en France, par résistance au changement, le freinent, et rendent l'Europe responsable des conséquences du refus d'opérer cette transition. Au contraire, la PAC du XXIe siècle est le laboratoire de la démocratisation d'une agriculture de qualité, qui met au centre des politiques publiques la santé du consommateur et de l'environnement.

Même en France, les choses sont en train de changer, et la confrontation fait rage entre le conservatisme productiviste et une agriculture écologique soutenant la santé des habitants et de la planète Terre. Le même gouvernement issu de la majorité parlementaire élue en 2017 a, alors qu'il s'opposait au projet de budget 2021-2028, décidé de subventionner la transition en changeant les normes de consommation : la restauration collective doit maintenant servir du bio. C'est à la fois constituer un immense marché de proximité, éduquer les élèves au goût et éviter aux nouvelles générations l'ingestion de pesticides. C'est s'inscrire dans la préférence européenne pour la démocratisation de l'alimentation issue de l'agriculture biologique.

Les Français ont tout à gagner à inciter Emmanuel Macron et sa majorité parlementaire à choisir clairement leur camp : sur les enjeux européens, les progressistes français n'ont effectivement aucune raison de s'aligner sur les conservateurs français sous prétexte qu'ils sont français comme eux. Il faut en effet pousser la transformation de la PAC jusqu'à son terme. Les subventions à la production disparaîtraient mais une partie des fonds seraient alloués à des missions utiles, qui sont déjà présentes dans le budget européen et pourraient être renforcées : aider à l'émergence de nouvelles productions respectueuses de la santé publique et des environnements naturels, soutenir l'agriculture dans les régions où elle est fragile (moyenne et haute montagne, zones humides...) grâce à une élévation de la qualité renforcée par une politique d'appellations géographiques, faciliter l'émergence de nouvelles activités dans les anciennes régions rurales.

Europe oblige

Réussir cette nouvelle transition vers une agriculture écologique est tout aussi important pour le combat pour un développement durable[3]. Les Européens ont été le fer de lance de la lutte contre le réchauffement du climat en raison des activités humaines lorsqu'ils ont pris avec succès l'initiative du protocole de Kyoto en 1997. Depuis la conférence de Copenhague (2009), et en dépit des accords de Paris de la COP21 (2015), cette dynamique a été contrariée, pour ne pas dire contrecarrée, par le néosouverainisme de la Chine, des États-Unis et du Brésil, qui, acteurs majeurs de la consommation d'énergies fossiles comme de la déforestation, refusent de s'engager sur des objectifs contraignants de réduction de gaz à effet de serre et de lutte contre l'érosion de la biodiversité.

Il ressort de cette situation que l'Europe se trouve en pointe en matière de développement durable. Ainsi, depuis dix ans, l'UE est le pays qui parvient le plus à réduire ses émissions de gaz à effet de serre par rapport au niveau de 1990. Les Européens tirent aussi parti de leur très ancienne tradition d'urbanisation pour, dans l'ensemble, avancer vers un urbanisme à la fois dense, relativement peu étalé et donc, malgré le grignotage de terres agricoles, plutôt économe en ressources comme en énergie, et soutenu par le développement continu d'infrastructures de transports collectifs. Quand bien même la marge de progression est encore grande, les Européens donnent au transport automobile individuel une place moins importante que les autres régions du monde développé.

Cela met les Européens dans une situation singulière. En effet, l'échelle européenne n'est pas en elle-même pertinente puisque le défi des environnements naturels est mondial. Les relever sur leur territoire ne suffit pas. Mais cela ne décourage pas les Européens de poursuivre dans cette voie, au contraire.

Ce faisant, les Européens donnent des raisons d'espérer à tous ceux qui, de par le Monde, se soucient du combat des sociétés humaines pour l'écologie. Ils offrent en effet l'exemple d'une configuration dans laquelle il est possible de s'unir, y compris sur des objectifs contraignants, pour celle-ci. Malgré les difficultés et la perfectibilité du système politique européen, ils démontrent par l'exemple qu'il est possible de s'entendre sur la mise en place d'une souveraineté supranationale qui seule permet de prendre des décisions au nom de l'intérêt général qui ne peut plus être réduit à l'intérêt d'une société nationale… puisque la communauté nationale n'est plus que partiellement, pour chacun de ses membres, sa société. Alors que les problèmes écologiques souffrent aujourd'hui à l'échelle du monde non seulement du refus de la supranationalité par la plupart des États, mais aussi d'une gouvernance que caractérise l'émiettement institutionnel et scalaire ainsi que le cloisonnement thématique (le climat, la biodiversité, la faune sauvage, les fleuves, les zones humides, la couche d'ozone, l'agriculture, la ville durable, etc.), les Européens démontrent également qu'il n'est pas impossible de mettre en place une approche intégrée et globale.

Cette démonstration, les Européens l'avaient déjà effectuée dans le domaine du commerce international : après avoir inventé une politique commerciale extérieure commune tout en fondant leurs marchés nationaux en un seul territoire de production, de commercialisation et de consommation – le Marché unique –, les Européens ont inspiré la création de l'Organisation mondiale du commerce.

Dans l'après-Seconde Guerre mondiale, les Européens ont inventé la supranationalité pour mettre fin à la violence interétatique. Les mécanismes supranationaux ont été l'instrument de concrétisation de leur projet de former une société politique dont la première tâche serait d'organiser, en excluant toute nouvelle guerre, la reconstruction de pays détruits moralement, physiquement et matériellement. Soixante-dix années, c'est-à-dire près de trois générations plus tard, cette entreprise inédite n'a cessé de s'étendre à la résolution de nouvelles questions, comme l'écologie, à de nouvelles politiques publiques, comme la transition énergétique, et à de nouveaux adhérents.

Les Européens ne sont certainement pas en situation de donner des leçons aux autres sociétés et le goût d'imposer par la force leur vision du monde a fini par leur passer. Dans un Monde globalisé, l'isolationnisme et l'unilatéralisme ne peuvent plus procurer que des victoires à la Pyrrhus. Les sociétés particulières ne s'y épanouiront que dans la recherche d'un intérêt général mondial et leur contribution à celui-ci.

Dans ce monde nouveau, leur préférence collective pour une interdépendance instituée et équitable, éprouvée et durable, met les Européens, même à leur corps défendant, dans une situation de laboratoire d'une mondialité qui peine à cristalliser en institutions politiques. Leur situation n'est donc pas seulement pour les Européens un avantage comparatif ou une réussite. Elle les oblige.

QUATRIÈME PARTIE

Aux Européens d'en décider

CHAPITRE 14

Deux modèles de société face à face

Dans un entretien où il critique avec force ce qu'il nomme la « théorie du genre[1] », le pape François a déclaré qu'il y voit une grave menace participant d'une « guerre mondiale pour détruire le mariage ». La légalisation des orientations sexuelles non traditionnelles et de leurs conséquences en matière d'union et de procréation suscite des oppositions farouches de la part de l'Église catholique comme de la plupart des autorités musulmanes et des juifs orthodoxes. Les courants salafistes et djihadistes ont fait des questions de mœurs un point central de leur doctrine, la violence contre les femmes en constituant le cœur. Vladimir Poutine n'est pas en reste, qui dénonce volontiers l'effondrement moral de l'Occident. Vitaly Milonov, député du parti de Poutine, a proposé une loi antihomosexuels qui a été votée, sans opposition, par la Douma en 2013. Pour lui, les gays sont des « violeurs d'enfants » et ceux qui soutiennent les « sodomites » s'opposent aux valeurs chrétiennes. En Pologne, depuis le retour au pouvoir du parti PiS, en 2015, le gouvernement mène une bataille frontale contre la séparation des pouvoirs, l'avortement et le mariage homosexuel, et le parti soutient la proposition de la Ligue des familles polonaises en faveur d'un retour de la peine de mort.

Dangereuses convergences

Prenons maintenant les conflits sur la planète sous un tout autre angle, qui semble sans rapport avec ce qui précède. Il existe de nombreux lieux de conflits frontaliers ou de demande d'autonomie ou d'indépendance. Cependant, si on prend en compte les régions du Monde où la violence militaire est pratiquée ou justifiée par des gouvernements, y compris au détriment du droit international et des demandes des habitants, assortie d'un refus de discuter avec ceux qui demandent l'indépendance ou l'autonomie ou réclament leur intégrité territoriale, la liste est moins longue. On l'a dit, la violence géopolitique fait partie de la doctrine de la Russie, qui occupe en toute illégalité les territoires de trois États (Moldavie, Géorgie, Ukraine) et qui a même annexé la Crimée.

C'est aussi le cas de la Chine, qui réitère régulièrement sa position de s'autoriser à utiliser la force pour s'annexer Taïwan en dépit de la demande claire, toutes tendances confondues, de la population locale d'exister comme pays distinct. Taïwan a été territoire chinois pendant deux siècles seulement (1684-1895) et, durant presque tout le XVIIe siècle, la population autochtone non chinoise était en révolte ouverte contre la domination chinoise. C'est donc une violence coloniale que la Chine défend, à Taïwan mais aussi au Tibet et au Xinjiang, où un ethnocide accompagné de nombreux meurtres et disparitions est pratiqué depuis des années. Il faut encore citer la Turquie, qui, après le revirement de Recep Tayyip Erdogan à partir de 2014, a relancé la guerre contre les Kurdes sur le territoire turc et en Syrie en refusant désormais toute perspective d'autonomie.

Évoquons encore une rencontre. Lors de l'investiture à la présidence du Brésil, le 1er janvier 2019, de Jair Bolsonaro, étaient présents, outre ses homologues d'Amérique latine et des pays lusophones, Viktor Orbán et Benyamin Netanyahou. Le secrétaire d'État Mike Pompeo y a représenté Donald Trump. Contre l'Europe et la Chine, il a proposé un « pacte chrétien » à la Russie et aux États-Unis.

Les communautarismes unis contre la société des individus

Ces éléments sont-ils ceux d'un syllogisme complotiste ? Attention aux raccourcis et aux transitivités fragiles : Trump se plaint de la Chine et Poutine se méfie des catholiques tandis que Kaczyński craint Poutine. Tous disent avoir Daech pour ennemi, mais cela ne signifie pas grand-chose puisque Poutine soutient Bachar el-Assad, qui n'a pas hésité à massacrer son propre peuple pour rester au pouvoir et a agi avec une férocité qui n'a rien à envier à celle des djihadistes.

Ce clivage dépasse les États : ainsi, le 23 mai 2014, le 1er octobre 2015, les 23 avril et 2 novembre 2018, quatre individus différents ont perpétré des tueries totalisant 27 morts et 40 blessés. Les quatre auteurs de ces massacres se réclamaient du groupe des Incel (« célibataires involontaires ») agressivement misogynes et appartenant à la nébuleuse du suprématisme masculin. Ce mouvement n'est pas sans rappeler la thématique du roman de Michel Houellebecq, *Extension du domaine de la lutte*[2], où sont décrits le sentiment de perte de pouvoir et la tentation de la violence chez des hommes qui découvrent la nécessité de séduire d'autres personnes pour accéder aux rapports sexuels. L'exaspération de certains hommes issus de sociétés de tradition musulmane contre l'idée que les femmes pourraient choisir elles-mêmes leurs partenaires peut être considérée comme l'une des origines des mouvements islamistes violents des dernières décennies. Au même moment éclatent partout des affaires de prêtres pédophiles dont les agissements ont été couverts par la hiérarchie massivement et durablement, et conduisent à classer l'Église catholique comme une organisation criminelle d'échelle mondiale. L'émergence d'un marché libre des interactions sexuelles met en difficulté ceux qui géraient les anciens systèmes d'appariement (les institutions religieuses avec les mariages, notamment) et ceux qui, en combinant mariage et prostitution, en profitaient, c'est-à-dire les hommes. Cette convergence permet de percevoir d'autres cohérences, encore plus larges.

Quel est donc le point commun à tous ces courants ?

François, Trump, Xi, Poutine, Bolsonaro, Duterte, Kaczyński, Orbán… Ils ne sont pas d'accord sur tout. Au Venezuela, Poutine et Trump se retrouvent même face à face. Certains d'entre eux condamnent au nom du christianisme des idées qui pourraient au contraire être considérées par d'autres comme typiquement chrétiennes. Une fédération des conservatismes n'est pas possible car les idéaux régressifs qui les sous-tendent sont contradictoires entre eux. Néanmoins, tous ces acteurs convergent pour s'opposer aux valeurs que le projet européen porte. Les efforts de Matteo Salvini pour réunir Marine Le Pen, Viktor Orbán, Jarosław Kaczyński et Vladimir

Poutine commencent à donner des résultats. Leur dénominateur commun, c'est leur défense des communautarismes.

On peut définir une communauté dans son sens fort (différent du sens faible de l'anglais *community* – collectif, collectivité – parfois aussi traduit par communauté) comme un groupe auquel l'appartenance est imposée et irréversible et auquel les individus qui en sont membres délèguent, sans l'avoir décidé et sans pouvoir s'en dédire, leur destinée personnelle. Les communautés se fondent sur un principe biologique (filiation, sexe, âge), territorial (comme les « petites patries » de l'Europe rurale), sacré (les religions), étatique (les nations), économique (les classes).

Dans toute une partie du monde musulman, on meurt encore pour avoir « blasphémé », c'est-à-dire pour avoir désobéi à des règles religieuses qui ne devraient concerner que les fidèles. Et, lorsque le journal danois *Jyllands-Posten* a été menacé pour avoir publié les « caricatures de Mahomet », en 2005, de nombreuses Églises chrétiennes, en particulier sur le continent américain, ont soutenu les fanatiques qui, notamment au Pakistan, n'ont pas désarmé depuis. De fait, la constellation conservatrice américaine, dont Trump constitue une synthèse efficace, associe le racisme (suprématisme blanc, haine des Noirs), la religion la plus obscurantiste (créationnisme, attaque contre les médecins pratiquant l'avortement, incitation à l'abstinence sexuelle) et l'éloge de la violence comme mode de règlement des conflits.

Des combinaisons sont possibles : les ordres et les castes conjuguent l'économique de la classe et le biologique de l'ethnie. Les Églises associent souvent un principe ethnique et une croyance (comme l'hindouïsme) ou mêlent l'ethnique, le national et le religieux (comme en Irlande, en Pologne, en Israël ou en Iran). La vision que développe le Premier ministre de l'Inde Narendra Modi avec son parti, le BJP, lui permet de justifier les massacres de musulmans et de défendre le système des castes et les multiples discriminations qui en résultent par le couplage entre nation indienne et religion hindouiste. La plupart des communautés nationales articulent, selon différentes variantes, la filiation biologique (notamment à travers la langue maternelle) et l'allégeance territoriale (avec le droit du sol), la religion n'étant jamais très loin. En France, le nationalisme n'est pas qu'une idéologie de défense de l'État, il est partie prenante d'un communautarisme spécifique, sous couvert de l'usage à contresens du mot « république ». La « République », c'est la prétention de l'État français à s'attribuer des vertus universelles pour mieux faire passer son particularisme national, traditionnellement agressif, colonialiste, protectionniste et mercantiliste. La « République » devient un corporatisme d'État parmi d'autres, celui porté par l'État lui-même et qui cherche à se protéger de la critique en prétendant incarner des valeurs qui sont hors de sa portée. Ainsi l'État français considère-t-il parfois la laïcité à sa façon, non comme une émancipation de l'individu face aux groupes fermés, mais comme une rivalité avec le communautarisme religieux au nom d'un autre communautarisme qui, au même titre que l'Église catholique, serait habilité à ordonner à chacun la manière de s'habiller. On rencontre le même genre de posture dans les États européens qui se présentent comme les garants exclusifs de tel ou tel élément d'une qualité de vie qui serait exclusive à leur pays et devrait être farouchement défendue contre tous ses voisins, censés être moins bien dotés.

En tout état de cause, ce qui relie les différents communautarismes, c'est leur antithèse : l'émergence d'individus autonomes capables de faire société sans passer par une allégeance perpétuelle. Le programme des Lumières, tel qu'Emmanuel Kant le définit en 1784[3], c'est précisément cette capacité des humains à s'émanciper d'une situation de mise en tutelle (« *Unmundigkeit* »). Cet individualisme n'est pas un égoïsme rejetant les collectifs. C'est la possibilité pour chacun d'appartenir à des groupes choisis et réversibles et de poursuivre ses propres finalités selon un horizon stratégique autodéfini. De fait, plus les individus sont devenus acteurs de leur propre vie, depuis deux siècles et, avec une accélération massive, depuis cinquante ans, plus ils sont entrés dans une multitude de collectifs et plus ils sont connectés à la société dans son ensemble, en tant que bénéficiaires de la sécurité qu'apporte l'État providence et en tant que citoyens impliqués de multiples manières dans les affaires de la cité. À l'intérieur d'une société contemporaine donnée, les individus les plus autonomes sont aussi les plus engagés dans des projets qui les impliquent avec d'autres, dans la vie associative et dans la vie politique. La « société des individus » qu'a décrite Norbert Elias[4], c'est à la fois plus de société et plus d'individu. Une société-Monde durable d'individus libres et égaux.

Entre ces deux modèles face à face, se noue un conflit politique majeur aux camps mouvants mais aux enjeux clairs. La plupart du temps pacifique, il prend parfois la forme d'une *guerre civile à basse intensité*. La société européenne s'y trouve engagée en première ligne.

L'Europe, point d'appui le plus solide

Quand les individus deviennent des acteurs, ils sortent tendanciellement de toutes les logiques communautaires en même temps. Il peut y avoir des accommodements provisoires, des versions atténuées. On peut défendre l'idée que, par exemple, les Européens ont davantage quitté la religion et l'ethnie que les États-uniens mais conservent à l'État (et à la nation) une plus grande place. Le mouvement, cependant, est partout en Occident spectaculaire. Le temps des communautés s'y achève, remplacé par un dialogue direct entre les individus et les sociétés auxquelles ils se considèrent appartenir. Ceux qui vivent du communautarisme ont donc tout intérêt à s'allier pour enrayer ou au moins freiner le processus qui fait se débander leurs troupes.

La mondialisation du débat sur le développement conduit à un « marché » des modèles d'une vie réussie sur lequel les habitants de la planète expriment de plus en plus leur point de vue. Cette évolution est particulièrement inquiétante pour les chefs communautaires. Ce conflit est mondial et l'Europe s'y divise aussi : il y a dans la liste des communautaristes des dirigeants européens, qui ne sont pas dépourvus d'appui populaire, et dans la liste de leurs adversaires beaucoup de Non-Européens, citoyens ou gouvernements. Cependant, c'est dans l'Europe que se trouve la coalition la plus puissante et la plus déterminée en faveur d'une société-Monde durable d'individus libres et égaux. C'est en Europe que ce projet est le plus avancé. Le succès d'un personnage aussi radicalement opposé à ce projet que Donald Trump illustre le fait que, dans le moment actuel – on n'aurait bien sûr pas dit cela dans les années 1930 –, c'est l'Europe qui est la moins fragile à cet égard. En Europe, même les ennemis les plus avérés des Lumières sont contraints de se retenir de s'y opposer totalement et il est rare que, une fois au pouvoir, ils ne doivent pas procéder à des ajustements significatifs ou qu'ils ne le perdent pas. Le cas de Viktor Orbán est d'autant plus fascinant qu'il est, de ce point de vue, exceptionnel sur le continent.

Pas d'Europe sans Lumières – et rien n'est jamais définitivement joué à cet égard –, mais, aujourd'hui, pas de Lumières sans Europe. Les alternatives aux Lumières européennes, en Europe ou ailleurs, ont toujours été régressives : le « socialisme africain » ou les « valeurs asiatiques » (Malaisie, Chine).

Une puissance politique progressiste

L'Europe n'est pas, ne risque pas d'être une puissance impériale. On ne peut donc lui appliquer la formule proposée par Joseph Nye pour les États-Unis, le *soft power*. Dans son esprit, il s'agissait de compenser les impasses d'une politique de force par une capacité de séduction pacifique mais sans renoncer explicitement à l'objectif de domination. Tel n'est pas le propos de l'Europe. Elle ne cherche pas à imposer des intérêts unilatéraux mais à diffuser des valeurs.

Une politique étrangère fondée sur des valeurs (ce qu'on a appelé l'« idéalisme » par opposition au « réalisme ») considère les relations entre sociétés sur le même plan que les liens qui existent à l'intérieur d'une société. Elle consiste à passer d'un espace de la géopolitique, régulée par la violence, à la politique, régulée par la légitimité. Par exemple, la défense des Kurdes d'Irak contre les violences génocidaires de Saddam Hussein en 1991 (formalisée et généralisée ensuite par l'ONU en 2005 comme « responsabilité de protéger ») ou l'intervention de l'OTAN au Kosovo pour empêcher les violences du gouvernement serbe contre les albanophones sont typiquement des actions « idéalistes ».

Une telle approche n'est nullement contradictoire avec les intérêts des Européens. D'abord parce qu'ils ont tout à gagner à vivre parmi des sociétés d'individus qui n'ont aucune raison de s'affronter, face à la violence intercommunautaire, qui ne cesse de diviser le monde entre des *nous* et des *eux*. Ensuite, parce que les Européens ont besoin d'un gouvernement politique du Monde pour traiter les enjeux mondiaux : l'Europe n'est qu'un morceau d'un Monde qui doit gérer le climat et la biodiversité, assurer la paix et le développement, organiser les migrations, permettre à chaque humain de se construire une vie digne. L'Europe peut être un laboratoire, éventuellement, sur certains points, un exemple, mais ce n'est pas aux Européens d'en décider. En revanche, l'Europe peut et doit être un acteur du Monde, de l'invention politique du Monde comme société. C'est pourquoi elle a besoin d'une politique étrangère.

C'est à chaque société de définir son projet et les « coups de pouce » à l'histoire se révèlent rarement bénéfiques, comme la série de catastrophes enclenchée par l'invasion américaine de l'Irak, en 2003, l'a montré. L'Europe doit porter un projet soutenu par la légitimité. Cependant, cette légitimité, comme toute légitimité menacée par un pouvoir illégitime, délinquant ou barbare, en cas de violation caractérisée du droit international et des droits de l'homme, peut passer par l'usage de la force. Comme l'ONU est souvent paralysée par la capacité de nuisance de la Russie et de la Chine, des actions non validées par les Nations unies ne doivent pas être exclues. C'est le cas par exemple avec la coalition internationale comprenant les États-Unis et plusieurs pays européens en Syrie, qui protègent une partie de la population de puissances agressives (le pouvoir criminel de Bachar el-Assad, ses alliés russe et iranien et la Turquie).

L'Europe n'est pas menacée par une invasion directe et ce n'est donc pas à proprement parler d'un système de défense territoriale qu'elle a besoin. En revanche, cela passe d'abord par une politique de voisinage, tout spécialement avec les pays de la rive Sud de la Méditerranée. L'Europe est également active dans le Sahel (notamment par la présence française) pour prévenir le regain du djihadisme. Les choses seraient plus claires si la politique étrangère de l'UE disposait directement d'un bras armé. Si la Russie s'attaquait encore à l'Ukraine, l'Europe, en tant que voisin de l'Ukraine et soutien à son mouvement d'émancipation vis-à-vis de l'héritage soviétique, se devrait d'intervenir en tant que telle et non par le seul intermédiaire de ses États membres.

C'est encore plus vrai dans l'ensemble du champ mondial des valeurs, où l'Europe doit être présente. Si la Chine décidait d'envahir Taïwan, cela créerait un problème mondial. L'Europe devrait alors d'autant plus s'engager que cet écrasement d'une république démocratique par un État despotique aurait de lourdes conséquences pour les Européens aussi.

Pour être fidèle à son message progressiste, l'Union européenne doit donc, en toute logique, se doter d'une capacité, y compris militaire, de projection mondiale.

CHAPITRE 15

Parlement européen : l'heure de vérité

La crise franco-italienne de février 2019 a témoigné avec éclat du caractère baroque de la vie politique européenne. En rappelant son ambassadeur à Rome, le gouvernement français a manifesté un très grand mécontentement vis-à-vis du gouvernement italien. Il était reproché à Luigi Di Maio, vice-président du gouvernement italien, d'être venu rencontrer une des figures des Gilets jaunes, présentée comme partie prenante d'une potentielle liste de ce mouvement aux élections européennes de mai 2019. Si Luigi Di Maio occupe au sein du gouvernement de son pays un rôle si éminent, c'est qu'il est le leader du Mouvement 5 étoiles (M5S) arrivé largement en tête aux dernières élections italiennes de mars 2018. Le M5S est un mouvement antisystème né en 2011 d'un vaste mouvement social, le *Vafanculo Day*. Luigi Di Maio et le M5S ont le sentiment d'une grande proximité avec le mouvement des Gilets jaunes. Ils lui ont déjà proposé un soutien logistique et organisationnel. Ils y cherchent maintenant des interlocuteurs. Si des députés européens se réclamant des Gilets jaunes entraient au parlement de Strasbourg en mai prochain, ne seraient-ils pas fondés à appartenir au même groupe parlementaire que les eurodéputés du M5S, dont le score aux élections de 2014 fut remarquable ?

Le gouvernement français s'est déclaré choqué de cette visite. Pourtant, Emmanuel Macron et son parti, La République en marche (LREM), expliquent depuis 2017 qu'ils souhaitent fédérer les mouvements qui, en Europe, s'opposeraient aux nationalistes. Ils désignent très explicitement deux dirigeants politiques comme étant les chefs de file de leurs adversaires : l'un est le Premier ministre de la Hongrie, Viktor Orbán ; l'autre est Matteo Salvini, le ministre de l'Intérieur du gouvernement italien, chef de la Ligue, allié de Luigi Di Maio et du M5S. Aussi, en venant rencontrer des Gilets jaunes, Luigi Di Maio a, comme Emmanuel Macron, inscrit son combat politique sur le territoire européen. En faisant fi du protocole diplomatique qui veut que le numéro deux d'un gouvernement ne se rende pas dans un autre pays sans rendre visite à son homologue, Luigi Di Maio a par ailleurs été cohérent avec l'idéologie antisystème de son parti – fût-ce au détriment de la nécessaire et traditionnelle bonne coopération entre les gouvernements de deux pays interdépendants au sein de l'UE. Pour sa part, Emmanuel Macron a choisi de surjouer la colère diplomatique, en contradiction avec son idéologie européiste dans le cadre de laquelle il ne cesse d'appeler à des listes européennes transnationales et à un approfondissement de la construction européenne. Dans son entretien à RAI Uno, le 3 mars 2019, il a dû ensuite atténuer ses propos.

Cette anecdote le montre : les institutions politiques européennes sont moins compliquées qu'exotiques. Comme elles ne ressemblent à rien de ce qui nous est familier, nous les ressentons comme une étrangeté. Intuitivement, nous comprenons aisément ce qu'est un État fédéral. C'est ce qui fait que la vie politique du Brésil, celle des États-Unis ou celle de l'Inde nous paraissent, dans leurs grandes lignes, compréhensibles. On suppose avec raison que leur fonctionnement présente de très fortes analogies avec celles de la Suisse, de l'Allemagne, de l'Autriche ou de la Belgique. Tous les Européens ont aussi une idée de ce qu'est un État centralisé. Ils ont également appris et compris la distinction entre un régime républicain fondé sur l'État de droit et la séparation des pouvoirs, et un régime despotique, dans lequel l'indépendance du Parlement et de la justice ne serait pas effective. Ce type de distinction fait partie de la culture politique de tout Européen – ce qui permet de choisir en connaissance de cause.

Pourtant, cette culture partagée ne permet pas de comprendre les institutions de l'Union européenne. L'UE n'est ni un État fédéral ni un État centralisé. Elle est une union supranationale d'États souverains – dont certains sont des États fédéraux et d'autres des États centralisés. Les institutions européennes ne sont pas entièrement fondées sur la séparation des pouvoirs : selon les situations, la Commission européenne a les fonctions d'un gouvernement, d'un législateur ou d'un juge. La Cour de justice de l'Union européenne (CJUE) est bien une Cour suprême, mais elle n'est pas compétente dans tous les domaines. Le Parlement européen (PE) est bien l'Assemblée législative élue au suffrage universel par les citoyens de l'Union européenne. Il vote toutes les lois qui sont du ressort de l'UE. Mais il doit composer avec un colégislateur formé des représentants des gouvernements des États membres de l'UE. Le PE a bien le pouvoir de censurer la Commission européenne, mais pas l'Eurogroupe, cette assemblée des ministres des Finances des pays membres de la zone euro qui ne rend de comptes à personne et n'est responsable devant aucun Parlement. Enfin, le Parlement européen est privé de deux des pouvoirs qui sont à la base de tout régime parlementaire. Il lui est interdit de voter les recettes du budget européen – « *no representation without taxation* », dit pourtant l'adage fondateur du parlementarisme. En outre, le PE est tenu à l'écart des modifications de la Loi fondamentale de l'UE, celle-ci étant toujours un traité international exclusivement signé et ratifié par les États membres.

Le PE est, enfin, une assemblée transnationale : ses mœurs sont forcément différentes de celles qui ont cours dans chacun des pays membres de l'UE. Les noms de groupes parlementaires ne ressemblent pas vraiment à ceux qui sont usités dans les vies politiques nationales ; il y a sans arrêt des compromis et des majorités qui n'épousent pas la même configuration que dans le pays d'origine des députés. En définitive, les grands sujets qui sont susceptibles de passionner un pays et de polariser sa vie politique, comme l'école, le droit du travail, le chômage, le pouvoir d'achat, la fiscalité, le droit pénal… sont rarement (ou seulement indirectement) du ressort de l'UE, et donc de son Parlement.

Les élections européennes sont donc peu passionnantes et souvent prétexte, pays par pays, à des débats nationaux entre la majorité et l'opposition du moment. Celles de 2019 sont cependant différentes, car elles cristallisent de façon nette des lignes de front qui, au fil des scrutins nationaux, ont bougé par petits bouts et petites touches depuis dix ans. Elles dessinent la poussée des mouvements populistes au détriment des partis installés, l'effondrement de la gauche social-démocrate, l'ancrage dans certains pays des Verts ou de la gauche radicale. À la différence des élections européennes précédentes, celles de 2019 consacrent des débats et des combats à l'échelle de l'Europe, et ne sont que secondairement un kaléidoscope de scrutins nationaux. En effet, les eurosceptiques, les nationalistes, les ultraconservateurs ou les antisystème ne font plus de la construction européenne un modèle repoussoir, mais une ressource à utiliser de l'intérieur. La crise franco-italienne est donc moins un bras de fer entre deux États membres de l'UE qu'un affrontement entre deux mouvements politiques qui, parce qu'ils gouvernent leurs pays respectifs, mobilisent les ressources de leurs États pour s'opposer et faire campagne à l'échelle européenne. Il est donc tout simplement utile de dépasser le sentiment d'étrangeté que produit le Parlement européen et de se familiariser avec lui.

Une nébuleuse puissante mais hétérogène

La constitution d'une véritable force politique parlementaire des droites radicales, à même de déterminer l'agenda des politiques publiques et des lois européennes, est évidemment l'enjeu majeur des élections européennes de 2019.

Dans le Parlement européen élu en 2014, ces mouvements politiques de type eurosceptiques, nationalistes ou antisystème, qui ont depuis dix ans le vent en poupe, se répartissent dans les trois groupes parlementaires très critiques sur l'Union européenne actuelle. L'Europe des nations et des libertés (ENL, extrême droite) regroupe notamment les élus lepénistes et ceux du PVV (Parti pour la liberté) néerlandais de Geert Wilders, tous deux dans l'opposition dans leurs pays, et ceux de deux partis au gouvernement, la Ligue italienne de Matteo Salvini et le FPÖ autrichien de Heinz-Christian Strache. Le groupe parlementaire de L'Europe de la liberté et de la démocratie directe (ELDD) a deux piliers : le M5S italien, mouvement « antisystème » qui gouverne, comme on sait, avec la Ligue, et l'UKIP, le parti pour l'indépendance du Royaume-Uni qui a milité pendant près d'une génération pour le Brexit et dont le rôle dans l'organisation du référendum en faveur de celui-ci fut déterminant. Enfin, le groupe des Conservateurs et réformistes européens (CRE) est celui qui se situe le plus dans l'héritage du courant politique souverainiste des années 1980 et 1990. On y trouve ainsi les eurodéputés du Parti conservateur britannique qui a décidé du référendum sur le Brexit ; ils y siègent avec le PiS polonais, parti ultraconservateur au pouvoir depuis 2015, avec les Vrais Finlandais, un parti populiste eurosceptique qui a siégé deux ans au sein d'un gouvernement de droite, et avec les Démocrates de Suède, formation d'extrême droite arrivée deuxième aux élections nationales de 2018.

Au sein du PE élu en 2014, leur poids total est d'environ un cinquième des eurodéputés. Dans celui élu en 2019, cette proportion devrait être d'un tiers. Certains évoquent même 40 %… Resteront-ils divisés en trois groupes ou chercheront-ils, malgré leurs nuances, leurs susceptibilités nationalistes et leurs habitudes, à se rassembler pour faire nombre et peser sur les travaux du Parlement et de l'UE ?

Il paraît peu vraisemblable que le M5S italien, qui se réclame de la démocratie directe et de l'écologie, envisage de s'allier avec le PiS polonais ultraconservateur dans tous les domaines ; on ne le voit pas non plus rejoindre ENL dont est membre la Ligue, son partenaire gouvernemental. Il est inversement fort possible que le parti Alternativ für Deutschland (AfD) veuille siéger dans ce groupe EELD. L'AfD, nouveau parti d'extrême droite qui a fait irruption sur la scène politique allemande en

2017, obtiendra probablement en 2019 un score et un nombre d'eurodéputés importants, peut-être une vingtaine des 96 parlementaires européens allemands. Quand bien même sa doctrine est analogue à celles des partis membres de l'ENL, l'AfD ne voudra sans doute pas, lui non plus, siéger au sein d'une ENL marquée à l'extrême droite pour ne pas prêter le flanc aux soupçons récurrents de collusion avec le néonazisme. Le M5S pourrait être tenté de faire groupe commun avec l'AfD, car il partage avec elle xénophobie et critique de l'euro et de Bruxelles – mais la critique de l'AfD peut aller jusqu'à envisager un euro du Nord excluant l'Italie distinct d'un euro du Sud, ce qui poserait un problème au parti italien.

Il n'est pas dit que les différentes forces qui composent la mouvance néonationaliste européenne parviennent à s'organiser dans le but d'obtenir une efficacité optimale au sein du Parlement européen.

Deux grands scénarios

La formule du *Spitzenkandidat* inventée dans la campagne de 2014, c'est-à-dire une tête de liste transeuropéenne pour chaque grande famille politique, créera une dynamique propice à cette option. Il faut s'attendre à une convergence sur les grandes valeurs : si les forces nationalistes menacent de détricoter la Charte des droits fondamentaux de l'UE, il y aura sûrement en face d'elle une alliance des « progressistes » européens.

On peut donc imaginer deux grands types de scénarios : dans le premier, qui n'est pas le plus probable, les groupes europhobes, populistes et de droite radicale deviennent majoritaires au PE. Dans le second, ils pèsent suffisamment pour exercer une minorité de blocage, sans être majoritaires.

Dans le premier scénario, les formations de droite radicale et d'extrême droite se retrouveraient à diriger les principales commissions parlementaires, qui sont essentielles au processus législatif européen. Les députés ou forces politiques qui ont l'habitude du fonctionnement européen et de l'intérêt général européen n'auraient alors plus la main. Il s'agit du Parti populaire européen qui fédère les droites conservatrices et chrétiennes-démocrates ; de la famille socialiste et sociale-démocrate regroupée au sein de S&D (Alliance des démocrates et socialistes progressistes) ; des partis libéraux et centristes de l'ALDE (Alliance des démocrates et libéraux européens) ; du groupe des Verts.

On pourrait envisager deux variantes. Soit nous assisterions à une espèce de *stand-by* : la nébuleuse de droite radicale et extrême qui dirigerait les commissions parlementaires n'effectuerait pas son travail avec sérieux et n'investirait pas la matière européenne davantage qu'aujourd'hui. Ce serait l'issue la plus probable, au moins dans un premier temps. *De facto*, la Commission et le Conseil exerceraient le pouvoir tandis que le Parlement européen deviendrait une force d'inertie. Le travail législatif de l'UE serait évidemment ralenti.

Dans l'autre variante, les forces populistes de droite radicale décident, contrairement à leurs habitudes, de s'investir dans le travail parlementaire. La conséquence serait l'irruption de batailles politiques assez serrées, les députés de la droite radicale essayant de promouvoir des textes législatifs, en particulier sur la fermeture des frontières et le protectionnisme, et contre les garanties constitutionnelles des droits. En face, ceux qui sont en faveur de l'État de droit et de l'intérêt général européen disposeraient d'outils pour livrer bataille, en particulier l'ordre juridique européen, garanti par la Commission et la Cour de justice de l'UE. Cela aboutirait à des affrontements durs, les opposants affirmant que les textes proposés par la nouvelle majorité ne sont pas conformes aux traités. Le principal théâtre de l'affrontement serait le Conseil de l'Union européenne et le Conseil européen. Quoique encore minoritaires, les mouvements d'extrême droite chercheraient à promouvoir les textes que leur famille politique parviendrait à faire adopter par le Parlement européen. Plus probablement encore, car ils le font déjà aujourd'hui, ils contesteraient la légitimité des décisions prises par ces deux conseils à la majorité, en refusant de les mettre en œuvre sur leur propre territoire et en ne jouant pas le jeu de la recherche de compromis.

Ce que décrivent aujourd'hui les acteurs de ces instances, c'est que les engagements et la parole des gouvernements d'États membres de l'UE incluant des mouvements d'extrême droite ne sont plus fiables. Ce qui a été acquis à l'issue d'une négociation et d'un compromis à Bruxelles peut être dénoncé le lendemain dans son pays par un des ministres ayant participé à la négociation ou un de ses collègues du gouvernement.

L'instrumentalisation du pacte de Marrakech sur les migrations dans le Monde, signé en décembre 2018, en a donné une illustration très médiatisée. Alors qu'il avait été décidé à l'issue du travail de concertation habituelle que l'UE et ses États membres le signeraient, plusieurs gouvernements auxquels les partis populistes de droite extrême sont associés ont, dans les jours qui précédaient le sommet de Marrakech du 10 décembre, fait savoir qu'ils changeaient d'avis. En Belgique, les nationalistes flamands du NVA en ont même tiré prétexte pour quitter la coalition gouvernementale. Exercer la présidence semestrielle de l'UE n'a pas retenu le gouvernement autrichien de coalition droite-extrême droite de retirer son soutien à ce processus.

Dans l'ensemble, le travail législatif de l'UE risque d'être très ralenti et perturbé.

Étudions à présent l'autre hypothèse, la plus probable. Les partis populistes europhobes et la droite radicale atteignent ensemble 20 à 30 % des sièges au sein du Parlement élu en 2019. Faute de majorité, leur capacité à investir les commissions parlementaires est faible, limitant leur pouvoir d'action. Ils disposent cependant d'un pouvoir de nuisance.

Les groupes qui font traditionnellement fonctionner le Parlement européen dans le sens d'un approfondissement de la législation européenne et de son efficacité – le Parti populaire européen (PPE), les socialistes et démocrates (S&D), actuellement majoritaires à eux deux, ainsi que les centristes et libéraux (ALDE) et les Verts – seraient dans ce cas majoritaires soit à trois soit à tous les quatre, les deux piliers habituels socialistes et conservateurs modérés pesant désormais un poids comparable à celui des groupes populistes et de droite radicale. Ils auraient un intérêt objectif très fort à s'entendre pour se répartir entre eux les postes en commission. Cela marginaliserait les députés europhobes en dépit de leur progression électorale.

Une contamination déjà à l'œuvre

C'est pourquoi il convient d'envisager un troisième grand scénario, plus insidieux : celui de l'*orbanisation*. Il s'agit d'un processus d'infiltration des partis de droite par la doctrine et la pratique des partis de droite extrême. Ce scénario est déjà à l'œuvre dans plusieurs pays, notamment avec la montée en puissance de politiques xénophobes de discrimination envers les ressortissants d'origine étrangère, les migrants et les musulmans, comme envers les territoires où les personnes des groupes en question sont réputés être démographiquement majoritaires.

À Bruxelles et à Strasbourg, les élus du Fidesz, le parti de Viktor Orbán, le chef de file de l'illibéralisme et du nationalisme européen, siègent en effet au PPE, ce grand parti qui fédère les partis de droite européens. Leur exclusion du PPE a été un sujet de débat depuis plus de cinq ans.

Dès lors, l'enjeu véritable des élections européennes de 2019 sera la capacité de l'extrême droite à gagner la bataille des idées et des programmes de politiques publiques au sein du PPE. C'est pourquoi le chef du gouvernement hongrois se présente comme « la CSU du PPE » (en Allemagne, la CSU est la branche bavaroise et droitière de la CDU). Ce positionnement lui permet de coloniser idéologiquement, avec des idées de droite radicale, la droite traditionnelle. Au sein du PPE, les élus du parti du chancelier autrichien, l'ÖVP, gouvernent déjà dans leur pays avec le FPÖ d'extrême droite, dont les eurodéputés siègent à Strasbourg au sein de l'ENL. Dans cette ENL, la Ligue a, depuis vingt-cinq ans, pris l'habitude de gouverner, tantôt nationalement, tantôt régionalement ou localement, avec Forza Italia, dont les eurodéputés sont au PPE. Aujourd'hui, certains eurodéputés des Républicains français appellent à une convergence hexagonale avec le Rassemblement national dont les eurodéputés siègent dans ENL.

Indépendamment du groupe dans lequel se trouve le Fidesz, ce troisième scénario de colonisation de la droite par l'extrême droite dans le Parlement européen élu en 2019 est le plus probable. En effet, il correspond, d'une part, à des dynamiques nationales à l'œuvre dans beaucoup d'États membres de l'UE. D'autre part, il obéit à la logique du jeu parlementaire classique en démocratie représentative : historiquement, les élus de droite ont souvent tendance à reprendre à leur compte des idées d'extrême droite (c'est comparable entre la gauche et l'extrême gauche, tout particulièrement en France) quand elles ont le vent en poupe au motif qu'il faut écouter et comprendre les électeurs et que c'est la meilleure façon de les contenir et de les contrôler.

Une nouvelle scène politique

Dans ces différents scénarios, il y a un point commun : l'érosion voire l'affaissement de la gauche classique. C'est en effet une tendance des années 2010 repérable dans les élections nationales. De la Grèce à l'Espagne en passant par l'Italie, la France, l'Allemagne et la Suède, les partis de la famille socialiste, sociale-démocrate et travailliste ont beaucoup reculé quand ils ne se sont pas effondrés. Le Portugal, et dans une moindre mesure l'Irlande, la Slovaquie et la Roumanie sont des contre-exemples. Le groupe S&D, actuellement deuxième groupe du PE avec plus d'un cinquième des députés, devrait donc subir un nouvel affaiblissement, d'autant qu'il ne pourra pas bénéficier de la dynamique qui profite au Parti travailliste britannique. La gauche radicale devrait se maintenir à son niveau actuel : 7 % des députés. Ce pourraient être le cas des Verts, aujourd'hui 7 % aussi, qui bénéficient partiellement de cette érosion. Ce report de vote des sociaux-démocrates vers les Verts reste cependant limité à certains pays. Dans les pays de l'Est et du Sud, à part en Estonie, l'écologie politique ne perce pas.

Cette configuration d'une gauche traditionnelle globalement en recul et d'une droite radicale en progression pourrait pourtant ne pas avoir pour seul effet une érosion de l'universalisation de l'État de droit, des libertés, et une institutionnalisation de la xénophobie.

En effet, le fonctionnement du Parlement européen diffère de celui des parlements nationaux[1]. Il est beaucoup plus indépendant des partis, des médias et des gouvernements que les parlements nationaux des États membres. Son rôle est historiquement et encore aujourd'hui très développé dans le contrôle des activités de la Commission européenne et dans l'utilisation du budget européen. Dans les domaines de compétence de l'Union européenne, le Parlement européen est progressivement devenu colégislateur avec cette Chambre des États qu'est le Conseil de l'Union européenne. Le gradient gauche/droite est donc en partie modifié par cette indépendance : les parlementaires européens, plus que d'autres, se positionnent sur les textes et sur les projets davantage que sur un programme de gouvernement et une discipline majoritaire de soutien à un exécutif. Concrètement, les secteurs dans lesquels l'influence du PE est la plus grande sont l'agriculture, les finances et l'environnement[2]. L'UE est ainsi la région du Monde dont les normes sont les plus exigeantes dans l'interdiction des OGM, dans l'encadrement de la pêche en eau profonde et la protection des espèces de poissons, dans l'utilisation des produits chimiques, dans celle de l'utilisation des données numériques personnelles, dans la limitation des monopoles et des oligopoles, dans la promotion du droit d'auteur, de la santé du consommateur…

Depuis que le Parlement est élu au suffrage universel, la plupart des textes sont adoptés de concert par les deux plus grands groupes : le PPE et le S&D, à l'issue d'un lent et patient travail de négociation et de compromis, entre eux ainsi qu'avec la Commission et le Conseil. Ces deux groupes ont toujours représenté à eux deux plus de 50 % des eurodéputés. Beaucoup des textes sont également adoptés avec le soutien et l'inclusion des amendements des deux autres partis qui estiment pertinent l'échelon européen pour développer des politiques publiques : l'ALDE et les Verts. Le groupe des eurodéputés Verts est à la fois le plus jeune de ces quatre formations et le plus imperméable aux arguments des nombreux groupes de pression de toute nature implantés dans les capitales de l'UE. Le positionnement de la GUE, la gauche radicale, est moins systématique. Ceux des trois groupes souverainistes et populistes de droite radicale le sont davantage : ils ont tendance à voter contre.

Moins encore que dans chaque pays, le Parlement européen, parce qu'il est une assemblée transnationale, ne peut vivre selon l'expression du clivage droite-gauche car celui-ci varie beaucoup d'un pays à l'autre. Gauche et droite se déclinent différemment selon les cultures nationales, et les décisions prises par le Parlement européen résultent donc non seulement du pouvoir du PE au sein des institutions communautaires et de l'UE en général, mais aussi de cette hybridation de cultures politiques nationales dont il ressort une culture politique européenne spécifique. C'est cet ensemble qui rend le PE et ses travaux difficiles à appréhender par chaque société au sein de chaque État membre[3].

Le Parlement européen n'est donc pas un parlement comme les autres. Il est exotique dans son propre pays, l'Europe. Du coup, la grande probabilité que, pour la première fois depuis 1979, PPE et S&D ne disposent pas à eux deux de la majorité des sièges pourrait bien être une opportunité très stimulante.

On a évoqué plus haut le fait que la droite radicale, nationaliste et xénophobe pourrait exercer une capacité de nuisance et de blocage sur les travaux de l'UE et, à partir de là, sur les travaux de l'UE tout court. Il est probable, car c'est déjà en cours, que certaines de ses idées et de ses pratiques infiltrent le PPE, voir S&D et que l'UE adopte des lois très dures envers les étrangers et l'altérité, et des lois qui érodent sa législation mondialement réputée comme favorable aux droits humains.

Mais cette nouvelle configuration pourrait dans le même temps pousser les parlementaires favorables à la construction européenne à plus de créativité et plus d'inventivité. Le fonctionnement du Parlement européen, bien plus que celui des parlements nationaux, favorise des majorités d'idées et un renouvellement doctrinal et idéologique. Confrontés à la nuisance des partis eurosceptiques, à leur capacité de blocage et à la transformation de leur nationalisme en nationalisme européen, les autres formations et les autres députés pourraient s'entendre sur des projets ou des idées stimulés par la nécessité de faire refluer les populistes nationalistes. Cette évolution serait en phase avec le projet d'Emmanuel Macron de favoriser l'émergence d'une majorité « progressiste », c'est-à-dire d'un projet européen fort et optimiste, fondé sur des valeurs claires. Il prendrait appui sur un groupe ALDE renforcé, et débarrassé de ses marges eurosceptiques. Si l'ALDE conserve 10 % des sièges ou progresse, LREM en sera probablement partie prenante. Le poids de ce groupe pourrait alors être suffisant pour, simultanément, empêcher une majorité PPE + S&D et en assurer une nouvelle à trois ou à quatre, avec ou sans les Verts selon les projets.

À partir des éléments dont on dispose aujourd'hui, LREM va probablement continuer d'être considéré comme le parti choisi de manière préférentielle par les électeurs français attachés à la construction européenne. D'autant que la liste Les Républicains, telle que la mène à distance Laurent Wauquiez, va certainement faire une campagne qui tendra à l'euroscepticisme. De cette manière, une large part des électeurs de centre droit – proches d'Alain Lamassoure, de Valérie Pécresse ou de Xavier Bertrand – pourront être tentés de se rabattre sur LREM. Et un certain nombre d'électeurs socialistes proeuropéens feront probablement de même, ou soutiendront les Verts, pour peser dans les forces proeuropéennes. Notons au passage que si LREM se trouve en tête, ce ne sera pas parce que les électeurs auront plébiscité le président français, mais parce qu'ils se seront dit qu'il représente le mieux les aspirations européennes. Quoi qu'il en soit, ce n'est qu'en terminant premier en France que Macron pourra peser au Parlement européen. Nécessaire à la poursuite d'un gouvernement du « bloc des Lumières », le groupe ALDE rajeuni en tirerait en revanche un pouvoir d'initiative et de renouvellement. Il donnerait une visibilité au projet d'une scène politique propre s'affranchissant de la simple duplication, à Bruxelles et à Strasbourg, des clivages nationaux. Un accroissement de l'influence des Verts irait dans le même sens.

La réduction des inégalités et la lutte contre le sentiment de déclassement et de relégation qui nourrissent la montée des droites radicales et extrêmes pourraient bien déboucher sur une politique budgétaire européenne volontariste, elle-même fondée sur l'émission de bons du Trésor européen dont on est certain qu'ils remporteraient un immense succès. La moralisation de la finance et la taxation des GAFA, des formes de lutte pour plus de solidarité et de justice fiscale comme spatiale au sein de l'UE prise comme un ensemble pourraient bien émerger des travaux parlementaires, puisque, pour parvenir à des majorités d'idées, il faudra nécessairement s'entendre le plus souvent à trois et sans doute quatre groupes parlementaires. Or le poids de la finance et la lutte contre la corruption sont dans certains pays des thèmes chers aux formations de droite de gouvernement autant qu'à celles de la gauche, de l'extrême gauche et des écologistes. La transition énergétique et la lutte contre le réchauffement climatique sont déjà un secteur fort du PE et de la législation européenne. Ce sera encore plus le cas dans la nouvelle configuration, non seulement en raison des évolutions mentionnées, mais aussi parce que des secteurs de plus en plus puissants du monde entrepreneurial, comme celui des assurances, ou, dans plusieurs pays, le mouvement syndical, y voient une nécessité. Le Parlement européen, selon cette dynamique, pourrait obtenir que le mandat de la Banque centrale européenne inclue les trois piliers du développement durable, croissance comprise, et plus seulement la limitation de l'inflation. Cela supposerait qu'un nouveau modèle européen de développement soit discuté et approuvé.

Un Parlement qui décide ?

Bref, les difficultés du combat politique et la remise en cause de leur zone de confort et de leurs traditions pourraient bien pousser les parlementaires européens qui sont déjà en grande majorité favorables à la dynamique européenne à se sentir investis d'une mission que leurs collègues nationaux peinent à assumer : prendre des décisions politiques qui répondent à la montée du nationalisme européen et de l'illibéralisme. Depuis les débuts de la construction européenne, le Parlement européen accroît très régulièrement son pouvoir et son influence : ce serait une étape supplémentaire. Cette logique, à laquelle les corporatismes nationaux des classes politiques comme des gouvernants et de leurs administrations n'ont pourtant aucunement intérêt, n'a cessé de s'imposer, à bas bruit. On peut l'expliquer par la logique propre de la démocratie représentative, qui tend à se renforcer en jouant de sa propre légitimité dans les sociétés qui la rendent possible pour acquérir davantage de pouvoir[4].

Cette dynamique se nourrit aussi du fait que, à force d'interdépendance et de convergence entre elles, les sociétés européennes font advenir la société européenne dont le Parlement européen, élu au suffrage universel, constitue le lieu politique par excellence. La société civile européenne reste à la fois peu consciente d'elle-même et contestée par une partie d'elle-même. Mais la démocratie européenne existe, le Parlement européen en est l'un des acteurs principaux. La configuration politique issue des élections de 2019, qui donnera une capacité de nuisance aux europhobes anti-Lumières, accélérera la prise de conscience par les députés eux-mêmes, et par leurs électeurs, de l'urgence de la contrer. L'idée qui, en conséquence, s'imposera est que si l'on veut résoudre les problèmes qui se posent aux Européens à toutes les échelles, il est logique de donner plus de pouvoir à leur Parlement – et non l'inverse ! C'est du Parlement européen, bien plus que des parlements nationaux, que viendra l'inventivité politique que requièrent les défis et les risques d'aujourd'hui.

CHAPITRE 16

Une révolution citoyenne

Les Européens ont traversé non sans mal les turbulences de la crise de l'élargissement de 2004-2007 (conclue par le traité de Lisbonne) et la crise financière de 2008-2015 (dépassée par le retour général de la croissance). Après une crise de confiance dont le point le plus bas se situe en 2012, ils croient désormais davantage à l'avenir de l'Union européenne et, pour la première fois depuis 2004, la majorité des citoyens considèrent que leur voix compte au sein de l'Union[1]. Ils souhaitent des politiques publiques continentales ambitieuses y compris dans les domaines traditionnellement régaliens. Entre les deux tiers et les trois quarts des citoyens de l'UE veulent une politique étrangère commune, une politique de sécurité et de défense commune, une politique énergétique commune, une politique migratoire intégrée. La défense de l'euro s'affirme, et tout particulièrement au sein de la zone euro, où 75 % des citoyens (contre 62 % début 2013) indiquent leur attachement à la monnaie unique. Le soutien à la libre circulation des personnes pour vivre, travailler, étudier ou faire des affaires sur tout le territoire de l'UE dépasse les 80 %. L'adhésion des Européens à l'Union européenne s'est clairement affermie et plus de 70 % des habitants de l'UE se considèrent comme des citoyens européens.

L'Europe va mieux, mais elle ne va pas très bien. Les risques d'impuissance, de blocage, de retournement persistent. Sur de nombreux sujets, les demandes pressantes d'une partie importante de la population sont difficiles à satisfaire sauf à enfoncer les systèmes productifs dans leurs travers déjà bien présents : manque de réactivité, tétanisation face au risque, peur du changement. Un *stop and go* pourrait se traduire par une mise à l'arrêt de longue durée. Les souverainistes veulent faire repartir le continent en arrière vers le nationalisme et inverser l'État providence à force d'immobilisation. Si cela se produisait, l'Europe ressemblerait à l'Argentine du XXe siècle qui, incapable de rebondir après avoir atteint des sommets dans l'économie de la rente, n'en finit pas de rêver, dans la violence nostalgique, à sa gloire perdue.

Démocratie représentative interactive

Ce qui se joue en Europe peut se résumer en trois points.
1. Un projet de développement durable centré sur la coproduction de biens publics dans une société d'individus.
2. Une Europe proposant au Monde un projet politique progressiste.
3. Une intégration du territoire européen par un développement spatial cohérent avec toutes les interactions imaginables entre les lieux qui le composent.

Or ce projet n'a de sens que si les citoyens s'en mêlent. Leur pouvoir passe par la démocratie représentative et le Parlement européen représente le bien institutionnel le plus précieux de l'UE. À partir de ce noyau, un système bicaméral démocratique s'impose. On peut imaginer plusieurs options pour la composition de la Chambre des États : l'élection directe de deux « sénateurs » par État membre ou la désignation de ces deux membres par les parlements nationaux. Dans tous les cas, c'est un pouvoir parlementaire plein qui doit en résulter et remplacer le mécanisme actuel de codécision qui fait des gouvernements nationaux des législateurs, rend opaques les décisions et, au bout du compte, cumule les inconvénients du fédéralisme et du confédéralisme.

Aujourd'hui, la démocratie interactive apporte un complément nécessaire car elle permet une appropriation permanente et intense du débat public par les simples citoyens[2]. C'est particulièrement nécessaire en Europe où la fragmentation par les langues, les médias, les systèmes éducatifs gêne l'émergence et la visibilité d'une scène commune. Or nous disposons aujourd'hui de techniques très efficaces, utilisant notamment les atouts du numérique, pour impliquer les citoyens dans la discussion d'enjeux de société controversés ou dans la préparation des politiques publiques. Cela va au-delà de la simple concertation. Une telle démocratie interactive pourrait devenir permanente, intervenir très en amont des décisions et s'imbriquer en profondeur dans le travail législatif.

Enfin, lorsque le consensus est inatteignable sur des choix importants et que le risque de frustration guette une partie des citoyens, le recours au référendum européen permettrait d'atteindre une légitimité incontestable. Dans le cas d'une modification de la Constitution fédérale, on dispose en Suisse du référendum obligatoire, qui doit réunir une double majorité, celle du « peuple » (les électeurs) et celle des cantons. On pourrait appliquer ce dispositif à l'Union européenne :

le texte du référendum serait adopté si une majorité se dégageait à la fois dans l'ensemble des votants et dans l'ensemble des États membres. Cela empêcherait les veto de tel ou tel pays à un projet d'ensemble et donnerait une visibilité nouvelle au « peuple » européen.

Ici commence l'Europe

Une révolution citoyenne est nécessaire pour lever les ambiguïtés constitutionnelles, éclairer les enjeux et renforcer la capacité d'agir. Cette révolution citoyenne qui donnera au pays et à la société Europe sa pleine existence politique reste à venir. Elle dépend de deux choses : une participation du peuple européen à ses propres affaires ; un projet clair, qui mobilise ses partisans et agrège ses opposants.

Sans les citoyens européens, l'Europe n'a pas d'avenir. Avec eux, elle devient un beau commencement.

Notes et références bibliographiques

PREMIÈRE PARTIE

Changer de lunettes

CHAPITRE 1

L'Europe est une société

1. Voir sur ce point les réflexions de Wright, J. K., *The Revolutionary Atlantic, 1776-1826* (2019), Cambridge, Cambridge University Press, à paraître.

CHAPITRE 2

L'Europe n'est pas un miracle, c'est une histoire et une géographie

1. *El sueño de la razon produce monstruos*, eau-forte de Francisco de Goya, 1799.
2. Voir le livre de Le Goff, J., *L'Europe est-elle née au Moyen Âge ?*, Paris, Seuil, 2003.
3. Tilly, C. (dir.), *The Formation of National States in Western Europe*, Princeton, Princeton University Press, 1975. Elden, S., *The Birth of Territory*, Chicago, University of Chicago Press, 2013.

4. Soutou, G.-H., *L'Europe de 1815 à nos jours*, Paris, PUF, 3e édition, 2015. Lamaison, P. (dir.), *Généalogie de l'Europe : de la préhistoire au XXe siècle*, Paris, Hachette, 1994.
5. Richard, Y., « La crise européenne. Un regard de géographe », *EchoGéo*, 2012 (https://journals.openedition.org/echogeo/13043).
6. Gauchet, M., *Le Désenchantement du monde. Une histoire politique de la religion*, Paris, Gallimard, 1985.

CHAPITRE 3

Un pays sage

1. Voir sur ce point les travaux du World Wealth and Income Database (wid.world).
2. Rémi Brague fait remonter cette singularité de la curiosité et de l'attirance pour d'autres cultures que la sienne, au point de s'y acculturer ou de les incorporer à la sienne, à celle des Romains pour la civilisation grecque : voir Brague, R., *Europe, la voie romaine*, Paris, Critérion, 1992.

DEUXIÈME PARTIE

L'Union taille sa route

CHAPITRE 4

La construction européenne, un avènement inédit

1. Charles de Gaulle était interrogé par le journaliste Michel Droit.
2. Kant, E., *Vers la paix perpétuelle* [1795], éd. F. Proust, Paris, Flammarion, « GF », 1991.
3. Voir le texte de la proposition dans Faye, J.-P., *L'Europe une. Les philosophes et l'Europe*, Paris, Gallimard, « Arcades », 1992, p. 51-70.

CHAPITRE 5

Brexit : démonstration par l'absurde

1. Renwick, A., Flinders, M., Jennings, W., « The UK's Referendum and post-fact politics : How can campaigners be held accountable for their claims ? », *LSE Europp Blog*, 19 août 2016 (http://blogs.lse.ac.uk/europpblog/2016/08/19/

the-uks-referendum-and-post-fact-politics-how-can-campaigners-be-held-accountable-for-their-claims). Tombs, R., « La révolte anglaise. Brexit, euroscepticisme et avenir du Royaume-Uni », *Le Débat*, 2017, 193 (1), p. 129-136. Troude-Chastenet, P., « Fake news et post-vérité. De l'extension de la propagande au Royaume-Uni, aux États-Unis et en France », *Quaderni*, 2018, 96 (2), p. 87-101.

2. Bailoni, M., « Comprendre le vote pour le Brexit : de l'utilité d'une analyse territoriale », *Hérodote*, 2017, 164 (1), p. 43-64.
3. Marti, G., « Territoire(s) et Union européenne », *Civitas Europa*, 2015, 35 (2), p. 25-39. Beaud, O., *Théorie de la fédération* [2007], Paris, PUF, 2009.
4. Chabanet, D. *et al.*, « Le thème de la crise ou des chrysanthèmes pour l'Europe ? », *Politique européenne*, 2015, 50 (4), p. 100-119. Grimm, D., Beaud, O., « Démocratie européenne : les raisons de la défiance », *Esprit*, 2015, 7, p. 83-94.

CHAPITRE 6

L'Europe a un territoire, l'Union européenne

1. Voir sur ce thème Le Gloannec, A.-M., « La citoyenneté européenne ou les apories du modèle impérial », *in* A.-M. Le Gloannec, A. Smolar (dir.), *Entre Kant et Kosovo. Études offertes à Pierre Hassner*, Paris, Presses de Sciences Po, 2003, p. 439-450. Hassner, P., « Empire », *in* Y. Bertoncini *et al.*, *Dictionnaire critique de l'Union européenne*, Paris, Armand Colin, 2008. Zielonka, J., *Europe as Empire : The Nature of the Enlarged European Union*, Oxford, Oxford University Press, 2006. Gyimesi, B., « From the Dolomites to Galicia – national indifference and "Habsburg patriotism" in the Austro-Hungarian empire's literature », *Nouvelle Europe*, 22 avril 2017 (http://nouvelle-europe.eu/en/dolomites-galicia-national-indifference-and-habsburg-patriotism-austro-hungarian-empire-s-literature). Kahn, S., « Union européenne : l'invention d'un régime singulier de territorialité », *in* Y. Calbérac *et al.*, *Carte d'identités. L'espace au singulier*, Paris, Hermann, 2019.
2. Jabko, N., *L'Europe par le marché. Histoire d'une stratégie improbable*, Paris, Presses de Sciences Po, 2009.
3. Dans le cadre des plans d'aide accordés par l'UE de 2011 à 2018, la Grèce a été l'exception qui confirme cette règle.

CHAPITRE 7

L'Europe contre le communautarisme géographique

1. Goodhart, D., *The Road to Somewhere : The Populist Revolt and the Future of Politics*, Londres, C. Hurst & Co, 2017.
2. Voir Lévy, J. (dir.), *Atlas politique de la France*, Paris, Autrement, 2017.
3. « Je vois désormais le monde comme une énigme bienveillante, que notre folie rend terrible en l'interprétant selon sa propre vérité », Umberto Eco, *Le Pendule de Foucault* (*Il pendolo di Foucault*, 1988).

CHAPITRE 8

L'Europe avance, malgré ses États

1. En témoigne, en 2003, l'admonestation du président Jacques Chirac intimant aux futurs nouveaux membres de l'UE de s'abstenir de soutenir, avec l'Espagne, l'Italie et le Royaume-Uni, l'invasion de l'Irak par l'Amérique de George W. Bush et sa coalition de circonstance.
2. Ainsi après la nomination par le président de la Commission Jean-Claude Junker de Martin Selmayr au poste de secrétaire général de la Commission, le site *Mediapart* (18 avril 2018) dénonça d'obscurs « réseaux allemands » qui auraient été à l'origine de cette promotion. En réalité, la nomination de Selmayr, démasquée par Jean Quatremer sur son blog *Coulisses de Bruxelles*, est choquante pour des raisons éthiques et politiques : elle détourne les règles de la fonction publique européenne au profit d'un favoritisme partisan initié au plus haut niveau de la Commission.
3. Voir par exemple Beck, U., *Non à l'Europe allemande*, Paris, Autrement, 2013.
4. Sen, A., *L'Idée de justice*, Paris, Flammarion, 2010.

TROISIÈME PARTIE

Ce qui se joue avec l'Europe

CHAPITRE 9

L'illibéralisme contre les Lumières

1. Bielecki, S., « Quand l'Est vire à droite », *Le Débat*, 2016, 190 (3), p. 95-100.
2. Zakaria, F., « De la démocratie illibérale », *Le Débat*, 1999, 98, p. 17-26.

3. Magyar, B., *Post-Communist Mafia State : The Case of Hungary*, Budapest, CEU Press, 2016.
4. « Si tout [les migrations] continue comme cela […], notre identité et nos nations cesseront d'exister telles que nous les connaissons aujourd'hui. Nos pires cauchemars se réaliseront. L'Occident tombera, alors que l'Europe ne comprendra même pas qu'elle est prise d'assaut. Faudra-t-il donner raison à ceux qui disent que les civilisations ne sont pas assassinées, mais qu'elles se suicident ? », *Discours de Viktor Orbán sur l'état de la Nation*, Budapest, 18 février 2018.
5. Rupnik, J., « La crise du libéralisme en Europe centrale », *Commentaire*, 2017, 160 (4), p. 797-806.
6. Kahn, S., *Histoire de la construction de l'Europe depuis 1945*, Paris, PUF, « Quadrige/Manuel », 2018.
7. Voir sur ce point Lévy, J., *Europe, une géographie. La fabrique d'un continent*, Paris, Hachette, 2e édition, 2011, chapitre 3.
8. Furet, F., *Le Passé d'une illusion*, Paris, Robert Laffont, 1995.
9. Lagrou, P., « La crise européenne », *in* P. Magnette, A. Weyembergh (dir.), *L'Union européenne : la fin d'une crise ?*, Bruxelles, Éditions de l'Université de Bruxelles, 2008, p. 15-24.
10. Kahn, S., « Les fondement nationaux de la construction européenne », *Questions internationales*, 2011, 51, « À la recherche des Européens », p. 65-72. Kahn, S., « L'État-nation comme mythe territorial de la construction européenne », *L'Espace Géographique*, 2014, 43 (3), p. 240-250.
11. Milward, A. S., *The European Rescue of the Nation State*, Londres, Routledge, 2e édition, 2000.
12. Cassirer, E., *La Philosophie des Lumières*, trad. P. Quillet, Paris, Fayard, 1966.
13. Revelli, M., *Populismo 2.0*, Turin, Einaudi, 2017.
14. Émission et page Web de *Le Grand Jury*, RTL, 30 septembre 2018 (https://www.rtl.fr/actu/politique/pecresse-favorable-au-doublement-des-peines-en-fonction-des-quartiers-7794993007).
15. Kahn, S., « Vers l'orbanisation de l'Europe ? », *The Conversation*, 16 avril 2018 (https://theconversation.com/vers-lorbanisation-de-leurope-94993).

CHAPITRE 10

Cracher dans la soupe, mais manger la soupe

1. Voir le numéro de la revue *Après-demain*, 2017/3, 43 « Les populismes ». Krastev, I., « Le retour des régimes majoritaires », *in* H. Geiselberger (dir.), *L'Âge de la régression*, Paris, Gallimard, « Folio Essais », 2018, p. 105-125.

Rosanvallon P., « Penser le populisme », *La Vie des idées* , 27 septembre 2011 (http://www.laviedesidees.fr/Penser-le-populisme.html).

2. Lussault, M., *L'Homme spatial*, Paris, Seuil, 2007. Lussault, M., « Exposé des motifs », *Tous urbains*, 2013, 1 (1), p. 42-45.
3. Tratnjek, B., « Vivre dans une ville en guerre : les territoires du quotidien entre espaces des combats et espaces de l'enfermement », *Les Champs de Mars*, 2011, 21 (1), p. 75-100.
4. Voir par exemple Chavinier, E., Lévy, J., « Minarets : malaise dans l'alteridentité », *Pouvoirs locaux*, 2009, 83 (4), p. 5-7 et sur *EspacesTemps.net*, 12 octobre 2009 (https://www.espacestemps.net/articles/minarets-malaise-dans-alteridentite/). Voir également Lévy, J. (dir.), *Atlas politique de la France*, *op. cit.*
5. Lévy, J., Lussault, M., « Périphérisation de l'urbain », *in* J. Lévy (dir.), *Dictionnaire de la géographie et de l'espace des sociétés*, Paris, Belin, nouvelle édition, 2013.
6. Kahn, S., « En Hongrie, Orbán porte les mythes historiques en vérité politique », entretien du 21 septembre 2018 avec Antoine Lagadec, *Revue des deux mondes*, 2018 (https://www.revuedesdeuxmondes.fr/hongrie-orban-mythes-historiques-verite-politique/).
7. Kahn, S., « Non, le Mouvement 5 étoiles n'est pas ancré à gauche », *Le Monde* du 28 mai 2018.

CHAPITRE 11

Russie : ce n'est pas qu'un voisin

1. Schmitt, C., *Le Nomos de la terre* [1950], Paris, PUF, 2008.
2. Laïdi, Z., *Le Reflux de l'Europe*, Paris, Presses de Sciences Po, 2013, p. 50-51 : « La capture du multilatéralisme par le souverainisme signifie que, dans une configuration non hégémonique, la stricte mesure du coût/avantage de chacun devient la mesure exclusive de son engagement international. Elle signifie aussi le retour de la realpolitik dans la régulation internationale. Elle marque l'affirmation des grands États dans le jeu international et le refus de se voir imposer des règles préétablies. D'où le blocage de grandes négociations multilatérales telles que les négociations commerciales (cycle de Doha) et climatiques. Or, il s'agit des deux négociations dans lesquelles l'Europe a politiquement beaucoup investi et où elle se trouve aujourd'hui, d'une certaine manière, marginalisée. L'affaiblissement du multilatéralisme affaiblit l'Europe. »
3. Grataloup, C., *L'Invention des continents. Comment l'Europe a découpé le monde*, Paris, Larousse, 2009.

CHAPITRE 12

Sortir du manichéisme migratoire

1. Face aux prévisions très élevées présentées par Stephen Smith, qui prévoyait que l'Afrique subsaharienne se rapprocherait progressivement des pratiques migratoires du Mexique, François Héran a répliqué par une estimation plus faible, fondée sur une courbe de développement moins favorable.
2. Voir *Human Security Report*, dont les conclusions sont claires et se confirment à chaque nouvelle mesure.
3. Voir notamment, comme indicateur, le niveau de réalisation honorable des « Objectifs du millénaire » des Nations unies (2000-2015).

CHAPITRE 13

Le laboratoire d'un monde habitable

1. Schaub, J.-F., *L'Europe a-t-elle une histoire ?*, Paris, Albin Michel, 2008. Tilly, C., *Contrainte et capital dans la formation de l'Europe*, Paris, Aubier, 1992.
2. Avec notamment la création, en 2007, d'un Fonds européen agricole pour le développement rural (Feader).
3. Tandis que quinze pays européens figurent dans les trente premiers du *Global Green Economy Index* 2018, dont douze dans les vingt premiers et neuf dans les dix premiers, les émissions européennes de CO_2 en 2017 sont inférieures de 20 % à celles de 1990. Quant aux énergies renouvelables, elles représentaient 17 % de la consommation d'énergie des Européens en 2016. Cette tendance mérite d'être consolidée à l'échelle européenne car elle n'est pas encore définitivement acquise : en 2017, vingt et un pays de l'UE ont émis plus de CO_2 qu'en 2016.

QUATRIÈME PARTIE

Aux Européens d'en décider

CHAPITRE 14

Deux modèles de société face à face

1. Entretien avec plusieurs journalistes le 2 octobre 2016, *Le Monde*, 3 octobre 2016 (http://www.lemonde.fr/religions/article/2016/10/03/

le-pape-accuse-les-manuels-scolaires-francais-de-propager-la-theorie-du-genre_5007002_1653130.html).

2. Houellebecq, M., *Extension du domaine de la lutte*, Paris, Éditions Maurice Nadeau, 1994.
3. Kant, E., *Qu'est-ce que les Lumières ?*, trad. Jules Barni (1853) (https://fr.wikisource.org/wiki/Qu'est-ce_que_les_Lumières_%3F).
4. Elias, N., *La Société des individus* [1939-1987], Paris, Fayard, 1991.

CHAPITRE 15

Parlement européen : l'heure de vérité

1. Costa, O., Brack, N., *Le Fonctionnement de l'Union européenne*, Bruxelles, Éditions de l'ULB, 2011.
2. König, T., Costa, O., *The Europeanization of Domestic Legislatures*, New York, Springer, 2012.
3. Magnette, P., *Le Régime politique de l'Union européenne*, Paris, Presses de Sciences Po, 2017.
4. Costa, O., « Que peut le Parlement européen ? », *Pouvoirs*, 2014, 149 (2), p. 77-89. Kahn, S., « Le Parlement européen est-il un ODHNI (objet démocratique et historique non identifié) ? », *Histoire@Politique*, 2009, 8 (2), p. 90. Costa, O., Magnette, P., « Idéologies et changement institutionnel dans l'Union européenne. Pourquoi les gouvernements ont-ils constamment renforcé le Parlement européen ? », *Politique européenne*, 2003, 9 (1), p. 49-75.

CHAPITRE 16

Une révolution citoyenne

1. *Eurobaromètre Standard 90*, novembre 2018.
2. Voir Lévy, J., « Démocratie interactive : pour un grand débat », *Fondation Jean Jaurès*, 2019.

Table

DEUXIÈME PARTIE

L'Union taille sa route

TROISIÈME PARTIE

Ce qui se joue avec l'Europe

l'Europe c'est pas 1 juxtaposition d'états, c'est 1 société – qu'est ce que nous entendons par là ? Qu'est ce qui montre que c'est 1 société et pas des sociétés distinctes

- [illegible] la vie sociale des européens forme un tout – [illegible] All et [illegible]
- ce n'est pas parce que 2 sociétés se ressemblent qu'elles forment 1 société (NZ et Aust)
- p75 : pas de [illegible] à Bruxelles

- des liens puissants et multiples unissent les européens
- l'Europe c'est pas 1 nouvelle, 1 abstraction fol, c'est 1 histoire et 1 géographie - elle n'a pas (?) épuisé -
- le genre d'espace qui caractérisait l'Europe, c'est d'abord les réseaux -
- l'intégration c'est la suite logique d'1 processus historique
- l'Europe, c'est l'Europe des villes, les styles de villes
- le présent est incomparable, mais l'Europe a 1 pb avec le futur - concurrente, fruit de son histoire -
- la réalité la + prégnante, présente, dynamique en Europe c'est l'UE - lorsque ? comment
- le traité : 1 répart qui renforce l'Union
- l'Europe a 1 territoire,
- l'Union européenne
- l'État national n'est plus le seul agent de souveraineté sur le territoire nat, mais les copropriétaires -

DE JACQUES LÉVY
CHEZ ODILE JACOB

Théorie de la justice spatiale. Géographies du juste et de l'injuste, avec Jean-Nicolas Fauchille et Ana Póvoas, 2018.

Cet ouvrage a été composé
en Adobe Garamond Pro
par FACOMPO
à Lisieux.

Achevé d'imprimer sur Roto-Page
par l'Imprimerie Floch à Mayenne
en avril 2019

N° d'édition : 7381-4328-X – N° d'impression : 94198
Dépôt légal : avril 2019
Imprimé en France